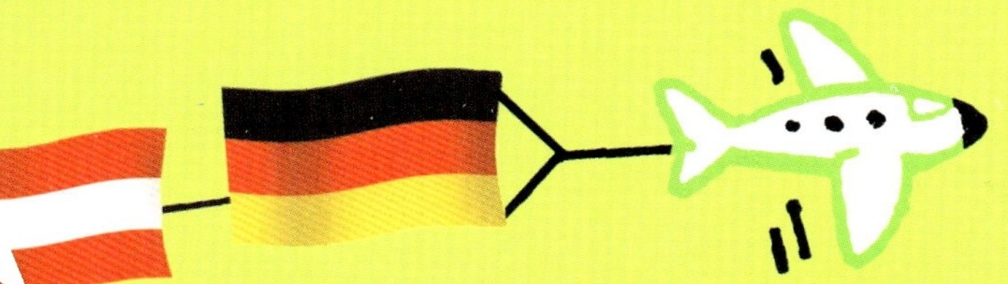

BERTELSMANN
KINDER
WELTATLAS

Dieser Weltatlas wurde von Grundschulkindern im Unterricht getestet. Für die vielen Ideen und Verbesserungsvorschläge danken wir deshalb ganz besonders den Schülerinnen und Schülern, Lehrerinnen und Lehrern der Klassen 2a und 4a der Grundschule Bokel sowie der Klasse 2b der Grundschule Großlohering:

Sarah Aschhoff, Julia Aulbur, Tyra Solvej Bargstädt, Alexander Baumjohann, Theresa Bäumker, Daniel Biermann, Cüneyt Bohlmann, Laura Bökamp, Michelle Böke, Lena Bönner, Michelle Bork, Sebastian Brinkhaus, Kevin Buermann, Marvin Buermann, Lars Bücker, Andre Chmielewski, Nico Christiansen, Chris Conti, Linda Eickholz, Katharina Esau, Luise Esau, Dennis Patrick Feliks, Luisa Feuerborn, Marius Frese, Fabian Gehrmann, Seher Görür, Julia Große-Erdmann, Andre Guski, René Halbracht, Tobias Hassemeier, Anina Heide, Johanna Heidenfelder, Fabian Höck, Tobias Höck, Cindy Hollenhorst, Lisa-Maria Horschig, Jannik Kalefeld, Sam Kiumarssi, Milena Kraienhorst, Annika Landwehr, Nadine Landwehr, Sophie Leffs, Franziska Lütkebohle, Jens Martin, Leon Martinschledde, Aylin Miskowiec, Dalina Mosa, Laura Nasarjan, Joana Naujok, Daniel Plewka, Robin Lukas Reimann, Jan Rettig, Maxim Saib, Philipp Schwarz, Theresa Sieweken, Manuela Stahl, Marco Sudbrock, Katja Tabbert, Merve Taskin, Hendrik Wiemann

Chefredaktion: Dr. Beate Varnhorn
Projektleitung: Katja Baier

Autorin: Ingrid Peia
Redaktion: Katja Baier, Ingrid Peia, Michaela Raßloff
Fachliche Beratung: Wolf-Eckhard Gudemann
Bildredaktion: Svenja Meinholz, Sonja Rudowicz
Kartografie: wissenmedia Mapworks, Stuttgart
Kartenredaktion: Dr. Matthias Herkt
Satz, Layout und Bildbearbeitung: Jo Pelle Küker-Bünermann
Layoutentwurf und Farbgestaltung: Peter Bregulla, Frankfurt am Main
Illustrationen: Petra Dorkenwald, München; Seyma Soydan, Frankfurt am Main
Herstellung: Marcel Hellmund
Einbandgestaltung: Günter Pawlak, FaktorZwo!, Bielefeld
Einbandabbildungen: ESA/NASA, AURA/Caltech – Plejaden;
istockphoto.com – Kindergruppe/MissHibiscus – Kind mit 3D-Brille/Stephanie Phillips;
Mauritius, Mittenwald – Aborigine/Fritz; mev, Augsburg – Snowboard;
NASA Goddard Space Flight Center/Reto Stöckli, Robert Simmon, MODIS,
USGS (Weltkugel); shutterstock.com – Kind mit Fahrrad/Jacek Chabraszewski;
TopFoto, Kent – Mädchen/Josef Polleross/The Image Works –
Kind aus Peru/Michael J. Doolittle/The Image Works

ISBN: 978-3-577-07608-1

www.wissenmedia.de

BERTELSMANN KINDER WELTATLAS

Bertelsmann!
JUNIOR

INHALT

INHALT

Wie benutze ich meinen Atlas?

Hallo, wir möchten dich einladen zu einer Reise durch die ganze Welt! Möchtest du zum Beispiel wissen, welches der höchste Berg in Europa ist? Oder welche Staaten eigentlich zu Europa gehören? Dann bist du auf der Kontinentseite zu Europa genau richtig. Interessierst du dich dagegen für ein bestimmtes Gebiet oder einzelne Länder, dann schaust du besser auf der entsprechenden Gebietsseite nach. Dein Weltatlas ist nicht von A bis Z, sondern nach Kontinenten geordnet: Europa, Asien, Australien und Ozeanien, Amerika und Afrika. Du möchtest wissen, welche Sprache in Brasilien gesprochen wird, weißt aber nicht, zu welchem Erdteil Brasilien gehört! Kein Problem, sieh einfach hinten im Register nach. Dort sind alle Länder, Kontinente und noch vieles mehr von A bis Z mit den dazugehörigen Seitenzahlen aufgeführt. Viel Spaß beim Entdecken!

A B C D

1 2 3 4 5

1 Europa ist mit einer Fläche von 10 500 000 km² ein ziemlich kleiner Kontinent. Nu[r] Australien ist noch kleiner. Dennoch ist Europa nach Asien der Kontinent mit der dichtes[ten] Besiedlung. Die meisten Menschen leben in den großen Industrieregionen, zum Beispiel Großbritannien, Nordfrankreich, in den Benelux-Ländern oder in Deutschland. Europa ist kein Kontinent, der wie Australien vom Wasser begrenzt wird. Vielmehr hängt es Asien als Halbinsel an. Aber aufgrund seiner Geschichte wird Europa als eigener Erdteil angesehen.

Quer durch Europa

Europa erstreckt sich vom Atlantischen Ozean im Westen zum Ural im Osten. Das Uralgebirge und der Uralfluss bilden die Grenze zwischen Europa und Asien. Den Norden Europas bildet Skandinavien. Hier liegt auch das Nordkap (Norwegen), das allgemein als nördlichster Punkt des europäischen Kontinents gilt. Im Süden Europas befindet sich das Mittelmeer, durch das Europa von Afrika getrennt wird.

Die Landschaft in Europa ist sehr abwechslungsreich. Sie reicht von den schneebedeckten Gipfeln der Alpen, über ausgede[hnte W]älder bis hin zu rauen Küstengebieten mi[t ...]rn und Fjorden. **4** Da etwa ein Drittel der Flä[che E]uropas aus Halbinseln und Inseln besteht, ist die Küste stark zerklüftet. Die Alpen sind das größte und höchste Gebirge Europas. Sie erstrecken sich in einem großen Bogen von Österreich über die Schweiz bis ans Mittelmeer.

Von Auerochsen und Mäusen

Früher waren große Gebiete Europas dicht bewaldet und die Heimat vieler Tiere. So lebten hier zum Beispiel zahllose Wölfe, Elche, Hirsche und Bären. Da aber große Teile Europas von den Menschen besiedelt wurden, sind viele Tierarten ausgestorben (zum Beispiel Auerochsen) oder kaum noch vorhanden (zum Beispiel Luchse). Kleinere Tiere gibt es aber noch in großer Vielfalt, etwa Wiesel, Kaninchen, Mäuse, Füchse und Eichhörnchen sowie zahlreiche Vogelarten.

Europa liegt überwiegend in der gemäßigten Klimazone. Das Wetter ist wechselhaft mit milden Wintern und mäßig warmen Sommern. In den nördlichen Gebieten Europas, zum Beispiel im Norden von Norwegen, ist es oft sehr kalt, denn dort herrscht das ganze Jahr arktisches Klima vor.

Viele Teile Europas sind sehr fruchtbar. Angebaut werden unter anderem Getreide, Gemüse, Oliven und Wein. Wirtschaftlich bedeutender für diesen Kontinent ist jedoch die Industrie, zum Beispiel der Automobilbau. Vor allem die westlichen Länder sind reiche Industrienationen. Um wirtschaftlich und politisch besser zusammenzuarbeiten, haben sich zuerst die westlichen und später auch die östlichen Länder Europas zur Europäischen Union (EU) vereinigt. 27 Staaten sind mittlerweile Mitglied in der EU.

Im Juni wird in Schweden, Norwegen und in anderen nordischen Ländern der längste Tag des Jahres gefeiert, an dem es nicht richtig dunkel wird. Diesen Tag nennen sie Mittsommer. Die Kinder tragen dann Kränze aus Blumen auf dem Kopf.

Kinder in Europa

Europa gilt als reicher Kontinent. Reiche Länder sind zum Beispie[l] die Schweiz, Luxemburg, Norwegen, Deutschland und Österreich. In diesen Ländern verleben die Kinder in der Regel eine sorglose unbeschwerte Kindheit. Aber es gibt in Europa auch Länder, in denen es vielen Kindern nicht so gut geht. In Rumänien oder B[ul]garien beispielsweise wachsen die meisten Mädchen und Junge[n] in sehr einfachen Verhältnissen auf. Dort müssen oft schon kle[ine] Kinder mitarbeiten, weil das Geld nicht für die ganze Familie reicht. Wie du siehst, leben die Kinder in Europa ganz unterschiedlich. Manche wachsen in abgelegenen, kleinen Dörfern auf. Andere Kinder wohnen mit ihren Familien in großen, hek[ti]schen Städten. Doch ganz egal, wo und wie sie leben: Fast a[lle] europäischen Kinder besuchen regelmäßig eine Schule. Man[che] Mädchen und J[un]gen tragen dann eine Schuluniform, ander[e zie]hen Jeans [...]huhe an.

8

1 Symbole

Siehst du den Globus oben links auf den Seiten? Auf der Weltkugel ist immer der Kontinent markiert, um den es gerade geht. Auf den Gebietsseiten findest du oben rechts noch einen Globus. Darauf kannst du erkennen, wo sich das Gebiet auf dem jeweiligen Kontinent befindet.

2 Rahmen und Erkennungsfarben

Jeder Kontinent mit den dazugehörigen Ländern hat eine eigene Erkennungsfarbe. Alle Seiten zu Europa haben zum Beispiel einen grünen Rahmen. Neben den Kontinenten und Ländern der Erde stellt dir dein Kinder-Weltatlas auch die drei großen Ozeane vor. Diese sind – ebenso wie die große Weltkarte – in einem dunklen Blau eingerahmt.

3 Infokästen über die Kontinente und die Länder

In diesen Kästen kannst du nachlesen, wie groß der Kontinent oder das Land ist und wie viele Menschen dort leben. Bei den Länderkästen erfährst du zudem, wie die Hauptstadt des Landes heißt und welche Sprache dort gesprochen wird. Neben der Flagge findest du hier häufig auch noch einige weitere interessante Informationen.

4 Lesetext

Die Lesetexte informieren dich ausführlich über die Kontinente und die einzelnen Länder, zum Beispiel über Lage, Wetter oder geografische Besonderheiten wie Gebirge, Wüsten oder lange Flüsse. Du wirst staunen, wie vielfältig und verschiedenartig unsere Welt ist! Vielleicht kommen Begriffe vor, die du vorher noch nie gehört hast. Dann lies einfach in dem Glossar auf Seite 68 nach, was diese Begriffe bedeuten.

5 Bilder und Bildunterschriften

Damit du dir alles besser vorstellen kannst, gibt es in deinem Kinder-Weltatlas viele Abbildungen. Bei jedem Foto steht ein kurzer Text. So kannst du den Bildinhalt gut verstehen. In der Bildunterschrift findest du zudem häufig noch weitere interessante Informationen.

6 Kinderkästen auf den Kontinentseiten

Überall auf der Welt leben Kinder. Doch ob die Mädchen und Jungen in Afrika auch jeden Tag zur Schule gehen? Wie leben wohl die Kinder auf den anderen Kontinenten? Wo wohnen sie, was spielen sie? Hier erfährst du es.

A B C D

1 Großbritannien, Irland und Island sind Inseln in Westeuropa. Diese Inseln sind ganz unterschiedlich. **Großbritannien**, der größte Inselstaat Europas, besteht aus vier Teilen: England, Schottland, Wales und Nordirland. Alle vier Länder haben eine eigene Kultur. Dennoch haben sie eine gemeinsame Regierung. Die sitzt in London. Der Atlantische Ozean, die Nordsee, die Irische See und der Ärmelkanal umgeben Großbritannien. An der schmalsten Stelle des Ärmelkanals, an der Straße von Dover, befindet sich der Eurotunnel. Das ist ein Tunnel unter dem Meer, durch den man mit dem Zug fahren kann. Großbritannien ist ein stark verstädterter Staat. Fast 90 Prozent der Bevölkerung lebt in Städten, davon allein 7,4 Millionen Menschen im Großraum London. Das Klima in Großbritannien ist mild. Oft ist es bewölkt und regnerisch. Auf der Insel gibt es eine abwechslungsreiche Landschaft mit Bergen, Moorgebieten, Waldern, Heide- und Ackerland.

Westlich von Großbritannien liegt die Insel **Irland**. Man nennt sie auch die »grüne Insel«, weil es sehr viele Wiesen und Weiden gibt. Warum ist es dort so grün? Weil es dort so viel regnet! Man sagt, der Regen [gehö]rt zu Irland wie die Kuh zur Weide! Auf Irl[and ...]den sich Nordirland und die Republik Ir[land ...]ch blutigen Kämpfen um die **4** Unabhängigkeit Irlands von Großbritannien wurde die Insel 1921 geteilt. Nordirland verblieb unter der Herrschaft Großbritanniens, die Republik Irland ist seitdem unabhängig. In Nordirland kommt es immer wieder zu gewalttätigen Auseinandersetzungen zwischen Katholiken und Protestanten. Erst in den letzten Jahren hat sich die Lage dort etwas entspannt.

Island ist der zweitgrößte Inselstaat und gleichzeitig das am dünnsten besiedelte Land Europas. Island liegt mitten im Nordatlantik zwischen Norwegen und Grönland. Trotz der nördlichen Lage sorgt der Golfstrom aber für ein gemäßigtes Klima. Geprägt wird die Insel von heißen Quellen, dampfenden Vulkanen, rauschenden Wasserfällen und den Eismassen der Gletscher. Man nennt Island auch Land aus Feuer und Eis. In einigen Gegenden ist die Landschaft so karg, dass sie fast einer Mondlandschaft ähnelt. Deswegen haben sich Astronauten hier schon auf ihre Mondlandungen vorbereitet.

Schotten sind sehr traditionsbewusst. Schon die Kleinsten tragen bei feierlichen Anlässen den Kilt. Der Kilt ist ein Rock, der um die Hüfte gewickelt wird. An dem Muster erkennst du übrigens, zu welchem »Clan« (Familie) der Träger gehört.

Auf Island leben rund [1]0 Millionen Papagei[tau]cher. An der Süd[küst]e gibt es Felsen, in [de]nen Hunderttausende von Meeresvögeln eng gedrängt nisten. **5**

Elroy aus London (7 Jahre)

»Hello! Mein Name ist Elroy. Ich bin 7 Jahre alt und möchte dir ein bisschen aus meinem Leben erzählen. Ich wohne mit meinem großen [Bru]der Jason und [meine]n Eltern in [...]en. Das ist ein Stadtteil von London. Wi[r wohnen in] einem »back-to-back house« (bäk-tu-bäk haus). So nennt man bei uns die Reihenhäuser. Wir sind aber eher selten zu Hause. Mom und Dad fahren morgens immer mit der »Tube« in die City. Sie arbeiten dort in einer Bank. Jason und ich sind tagsüber in der Schule. Wir haben täglich bis 16.00 Uhr Unterricht. Mittags essen wir in der Schulkantine. Da kann ich neben meinen Freunden sitzen. Der Nachmittag geht schnell rum. Wir können zum Beispiel Fußball, Rugby, Hockey oder Kricket spielen. Ich spiele am liebsten Rugby. Sport ist an unserer Schule sehr wichtig, und es finden oft Wettkämpfe statt. Nachmittags helfen uns die Lehrer auch bei den Hausaufgaben. Die müssen wir nicht alleine zu Hause machen. Das finde ich gut!« **7**

12

Die Gebietsseiten wollen dich zum Staunen und Informieren einladen. Auf den Gebietsseiten werden alle Länder der Erde beschrieben. Da aber selbst in einem viel dickeren Buch nicht alle Informationen zu allen Ländern Platz hätten, haben wir die Länder zu Gebieten zusammengefasst.

Die Kontinentseiten wollen dich das Sehen und Entdecken lehren. Zu jedem Kontinent findest du eine dreiseitige Übersicht, die sich entsprechend der Form des Kontinents nach rechts bzw. nach unten aufklappen lässt. Auf der Kontinentseite erfährst du etwas über die Geografie eines Kontinents, über dessen Kinder sowie über seine Besonderheiten. Auf der Rückseite der Aufklappseite lernst du etwas über die Geschichte oder Entdeckung des Kontinents.

7 Kinderkästen auf den Gebietsseiten

Wie heißt du? Wie alt bist du? Wie sieht dein Tag so aus? Hier berichten dir Kinder aus den unterschiedlichsten Ländern von ihrer Familie, ihrem Alltag, ihren Spielen. Was würdest du wohl von dir erzählen?

8 Spezialwissenskästen

Auf der Welt gibt es so vieles zu entdecken! Da nicht alle Informationen Platz hatten, haben wir die wichtigsten und für Kinder interessantesten Dinge ausgewählt. Gut, dass es neben den allgemeinen Informationen auch noch die Spezialwissenskästen gibt! Hier findest du weitere spannende Infos über ein Land oder ein Gebiet.

9 Weißt du's?

Kennst du dich auf der Erde aus? Bist du vielleicht sogar ein echter Geografie-Schlauberger? Hier kannst du dein Wissen testen. Doch nur keine Panik: Die Antworten stehen unten auf dem Kopf!

10 Rekorde

Höher, länger, größer – unsere Erde steckt voller Rekorde! Hier kannst du zum Beispiel nachlesen, welches die größte Insel in Europa ist oder in welchem asiatischen Land die meisten Menschen wohnen.

11 Karte

Auf jeder Kontinent- und Gebietsseite findest du eine übersichtliche Karte. Darauf kannst du zum Beispiel sehen, wo sich die einzelnen Länder befinden, wie die größten Städte heißen und wo es Gebirge oder Wüsten gibt. Siehst du die kleinen Bilder auf den Karten? Diese zeigen dir Tiere, Pflanzen, berühmte Bauwerke und viele andere Besonderheiten der Länder.

12 Maßstab und Windrose

Auf jeder Karte ist ein Maßstab angegeben. Anhand des Maßstabs kannst du erkennen, wie stark die Landschaft verkleinert wurde. Damit du die Himmelsrichtungen bestimmen kannst, findest du außerdem auf jeder Karte eine Windrose. Norden (N) zeigt wie bei einem Kompass in Richtung des Nordpols und ist oben, Süden (S) liegt unten, Westen (W) links und Osten (O) rechts.

13 Piktogramme

Auf diesen kleinen Bildern siehst du Pflanzen, Tiere, Gebäude und vieles mehr, was für den Kontinent oder das Gebiet typisch ist. Schau dir die Karte genau an. Findest du die Symbole auf der Karte wieder? Auf jeder Seite haben wir einige Piktogramme ausgewählt und in einem kleinen Text erläutert.

14 Papiti

Hast du schon den neugierigen Lexikoparden Papiti kennen gelernt? Er begleitet dich auf deiner Reise durch die Welt. Mit ihm zusammen macht es noch mehr Spaß, alle Länder und Kontinente zu entdecken. Mach es am besten genauso wie Papiti und schau genau hin. Denn auf den Seiten deines Weltatlasses gibt es viel zu entdecken!

Europa

ist mit einer Fläche von 10 500 000 km² ein ziemlich kleiner Kontinent. Nur Australien ist noch kleiner. Dennoch ist Europa nach Asien der Kontinent mit der dichtesten Besiedlung. Die meisten Menschen leben in den großen Industrieregionen, zum Beispiel in Großbritannien, Nordfrankreich, in den Benelux-Ländern oder in Deutschland. Europa ist kein Kontinent, der wie Australien vom Wasser begrenzt wird. Vielmehr hängt es Asien als Halbinsel an. Aber aufgrund seiner Geschichte wird Europa als eigener Erdteil angesehen.

Quer durch Europa

Europa erstreckt sich vom Atlantischen Ozean im Westen zum Ural im Osten. Das Uralgebirge und der Uralfluss bilden die Grenze zwischen Europa und Asien. Den Norden Europas bildet Skandinavien. Hier liegt auch das Nordkap (Norwegen), das allgemein als nördlichster Punkt des europäischen Kontinents gilt. Im Süden Europas befindet sich das Mittelmeer, durch das Europa von Afrika getrennt wird.

Die Landschaft in Europa ist sehr abwechslungsreich. Sie reicht von den schneebedeckten Gipfeln der Alpen, über ausgedehnte Wälder bis hin zu rauen Küstengebieten mit Gletschern und Fjorden. Da etwa ein Drittel der Fläche Europas aus Halbinseln und Inseln besteht, ist die Küste stark zerklüftet. Die Alpen sind das größte und höchste Gebirge Europas. Sie erstrecken sich in einem großen Bogen von Österreich über die Schweiz bis ans Mittelmeer.

Von Auerochsen und Mäusen

Früher waren große Gebiete Europas dicht bewaldet und die Heimat vieler Tiere. So lebten hier zum Beispiel zahllose Wölfe, Elche, Hirsche und Bären. Da aber große Teile Europas von den Menschen besiedelt wurden, sind viele Tierarten ausgestorben (zum Beispiel Auerochsen) oder kaum noch vorhanden (zum Beispiel Luchse). Kleinere Tiere gibt es aber noch in großer Vielfalt, etwa Wiesel, Kaninchen, Mäuse, Füchse und Eichhörnchen sowie zahlreiche Vogelarten.

Europa liegt überwiegend in der gemäßigten Klimazone. Das Wetter ist wechselhaft mit milden Wintern und mäßig warmen Sommern. In den nördlichen Gebieten Europas, zum Beispiel im Norden von Norwegen, ist es oft sehr kalt, denn dort herrscht das ganze Jahr arktisches Klima vor.

Viele Teile Europas sind sehr fruchtbar. Angebaut werden unter anderem Getreide, Gemüse, Oliven und Wein. Wirtschaftlich bedeutender für diesen Kontinent ist jedoch die Industrie, zum Beispiel der Automobilbau. Vor allem die westlichen Länder sind reiche Industrienationen. Um wirtschaftlich und politisch besser zusammenzuarbeiten, haben sich zuerst die westlichen und später auch die östlichen Länder Europas zur Europäischen Union (EU) vereinigt. 27 Staaten sind mittlerweile Mitglied in der EU.

Im Juni wird in Schweden, Norwegen und in anderen nordischen Ländern der längste Tag des Jahres gefeiert, an dem es nicht richtig dunkel wird. Diesen Tag nennen sie Mittsommer. Die Kinder tragen dann Kränze aus Blumen auf dem Kopf.

Kinder in Europa

Europa gilt als reicher Kontinent. Reiche Länder sind zum Beispiel die Schweiz, Luxemburg, Norwegen, Deutschland und Österreich. In diesen Ländern verleben die Kinder in der Regel eine sorglose, unbeschwerte Kindheit. Aber es gibt in Europa auch Länder, in denen es vielen Kindern nicht so gut geht. In Rumänien oder Bulgarien beispielsweise wachsen die meisten Mädchen und Jungen in sehr einfachen Verhältnissen auf. Dort müssen oft schon kleine Kinder mitarbeiten, weil das Geld nicht für die ganze Familie reicht. Wie du siehst, leben die Kinder in Europa ganz unterschiedlich. Manche wachsen in abgelegenen, kleinen Dörfern auf. Andere Kinder wohnen mit ihren Familien in großen, hektischen Städten. Doch ganz egal, wo und wie sie leben: Fast alle europäischen Kinder besuchen regelmäßig eine Schule. Manche Mädchen und Jungen tragen dann eine Schuluniform, andere ziehen Jeans und Turnschuhe an.

Die Menschen, die am Atlantik und am Mittelmeer leben, essen oft besonders gern Fisch und andere Meeresfrüchte. Deshalb wurden dort große Fischzuchtanlagen und Muschelbänke angelegt.
Nordkap
EUROPÄISCHES
NORDMEER
rdlicher Polarkreis
Weißes Mee
Färöer
(Dänemark)
SCHER
AN
NORWEGEN
SCHWEDEN
FINNLAND
Onega-
see
Ladoga-
see
RU
ESTLAND
LETTLAND
Düna
Wolga
OSTSEE
NORDSEE
DÄNE-
MARK
ZU
RUSSLAND
LITAUEN
GROSS-
BRITANNIEN
RLAND
NIEDER-
LANDE
Elbe
Oder
Weichsel
WEISS-
RUSSLAND
Pripjat
POLEN
BELGIEN
Rhein
DEUTSCH-
LAND
LUXEM-
BURG
TSCHECHISCHE
REPUBLIK
KARPATEN
UKRAINE
Dnjestr
Dnjepr
Seine
SLOWAKEI
Donau
ÖSTER-
REICH
MOLDA-
WIEN
Loire
FRANKREICH
LIECHT.
SCHWEIZ
ALPEN
UNGARN
RUMÄNIEN
Asowsc
Mee
SLOWE-
NIEN
KROATIEN
Mont
Blanc
Po
Rhône
SAN
MARINO
BOSNIEN
UND
HERZE-
GOWINA
SERBIEN
Donau
Krim
SCHWARZES
MEER
MONACO
MONTE-
NEGRO
KOSOVO
BULGARIEN
ANDORRA
PYRENÄEN
Korsika
VATIKAN-
STADT
ALBANIEN
MAZE-
DONIEN
Bosporus
Ebro
ITALIEN
PORTUGAL
SPANIEN
Sardinien
GRIECHEN-
LAND
TÜRKE
Balearen
MITTELMEER
Ätna
Sizilien
Straße von Gibraltar
MALTA
Kreta
ZYPERN
N
W
O
S
0
400
800
km
Meilen
0
400
800

Großbritannien, Irland und Island

sind Inseln in Westeuropa. Diese Inseln sind ganz unterschiedlich. **Großbritannien**, der größte Inselstaat Europas, besteht aus vier Teilen: England, Schottland, Wales und Nordirland. Alle vier Länder haben eine eigene Kultur. Dennoch haben sie eine gemeinsame Regierung. Die sitzt in London. Der Atlantische Ozean, die Nordsee, die Irische See und der Ärmelkanal umgeben Großbritannien. An der schmalsten Stelle des Ärmelkanals, an der Straße von Dover, befindet sich der Eurotunnel. Das ist ein Tunnel unter dem Meer, durch den man mit dem Zug fahren kann. Großbritannien ist ein stark verstädterter Staat. Fast 90 Prozent der Bevölkerung lebt in Städten, davon allein 7,4 Millionen Menschen im Großraum London. Das Klima in Großbritannien ist mild. Oft ist es bewölkt und regnerisch. Auf der Insel gibt es eine abwechslungsreiche Landschaft mit Bergen, Moorgebieten, Wäldern, Heide- und Ackerland.

Schotten sind sehr traditionsbewusst. Schon die Kleinsten tragen bei feierlichen Anlässen den Kilt. Der Kilt ist ein Rock, der um die Hüfte gewickelt wird. An dem Muster erkennst du übrigens, zu welchem »Clan« (Familie) der Träger gehört.

Westlich von Großbritannien liegt die Insel **Irland**. Man nennt sie auch die »grüne Insel«, weil es sehr viele Wiesen und Weiden gibt. Warum ist es dort so grün? Weil es dort so viel regnet! Man sagt, der Regen gehört zu Irland wie die Kuh zur Weide! Auf Irland befinden sich Nordirland und die Republik Irland. Nach blutigen Kämpfen um die Unabhängigkeit Irlands von Großbritannien wurde die Insel 1921 geteilt. Nordirland verblieb unter der Herrschaft Großbritanniens, die Republik Irland ist seitdem unabhängig. In Nordirland kommt es immer wieder zu gewalttätigen Auseinandersetzungen zwischen Katholiken und Protestanten. Erst in den letzten Jahren hat sich die Lage dort etwas entspannt.

ATLANTISCHER OZEAN

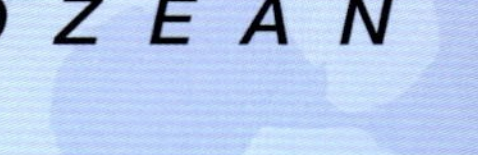

Island ist der zweitgrößte Inselstaat und gleichzeitig das am dünnsten besiedelte Land Europas. Island liegt mitten im Nordatlantik zwischen Norwegen und Grönland. Trotz der nördlichen Lage sorgt der Golfstrom aber für ein gemäßigtes Klima. Geprägt wird die Insel von heißen Quellen, dampfenden Vulkanen, rauschenden Wasserfällen und den Eismassen der Gletscher. Man nennt Island auch Land aus Feuer und Eis. In einigen Gegenden ist die Landschaft so karg, dass sie fast einer Mondlandschaft ähnelt. Deswegen haben sich Astronauten hier schon auf ihre Mondlandungen vorbereitet.

Auf Island leben rund 4 Millionen Papageitaucher. An der Südküste gibt es Felsen, in denen Hunderttausende von Meeresvögeln eng gedrängt nisten.

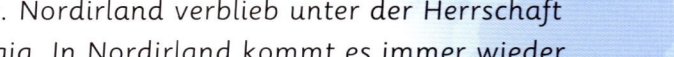

Elroy aus London (7 Jahre)

»Hello! Mein Name ist Elroy. Ich bin 7 Jahre alt und möchte dir ein bisschen aus meinem Leben erzählen. Ich wohne mit meinem großen Bruder Jason und meinen Eltern in Camden. Das ist ein Stadtteil von London. Wir leben in einem »back-to-back house« (bäk-tu-bäk haus). So nennt man bei uns die Reihenhäuser. Wir sind aber eher selten zu Hause. Mom und Dad fahren morgens immer mit der »Tube« in die City. Sie arbeiten dort in einer Bank. Jason und ich sind tagsüber in der Schule. Wir haben täglich bis 16.00 Uhr Unterricht. Mittags essen wir in der Schulkantine. Da kann ich neben meinen Freunden sitzen. Der Nachmittag geht schnell rum. Wir können zum Beispiel Fußball, Rugby, Hockey oder Kricket spielen. Ich spiele am liebsten Rugby. Sport ist an unserer Schule sehr wichtig, und es finden oft Wettkämpfe statt. Nachmittags helfen uns die Lehrer auch bei den Hausaufgaben. Die müssen wir nicht alleine zu Hause machen. Das finde ich gut!«

K L M N

Petschora

Nördliche Dwina

U R A L

S L A N D

Wolga

Fußball ist die beliebteste Sportart in Europa. Bei den alle vier Jahre ausgetragenen Europameisterschaften spielen die Nationalmannschaften der europäischen Länder gegeneinander.

Viele Kinder und ihre Familien verbringen ihre Ferien gerne am Mittelmeer. Hier lässt es sich prima sonnen, baden, segeln oder tauchen.

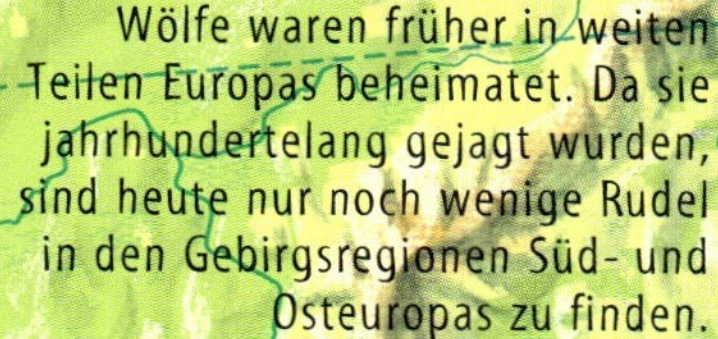

Wölfe waren früher in weiten Teilen Europas beheimatet. Da sie jahrhundertelang gejagt wurden, sind heute nur noch wenige Rudel in den Gebirgsregionen Süd- und Osteuropas zu finden.

In vielen europäischen Regionen wird Wein angebaut. Allein ein Viertel der weltweiten Produktion stammt aus Frankreich. Gute Weine kommen aus dem Elsass, dem Burgund sowie dem Loire-Tal.

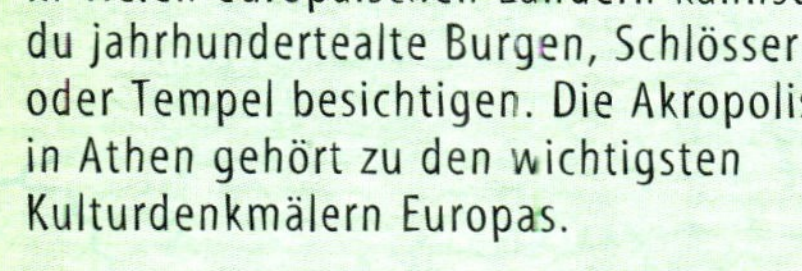

In vielen europäischen Ländern kannst du jahrhundertealte Burgen, Schlösser oder Tempel besichtigen. Die Akropolis in Athen gehört zu den wichtigsten Kulturdenkmälern Europas.

Auf über 2000 km Länge bildet der Ural, eine Gebirgskette in Russland, die natürliche Grenze zwischen Europa und Asien.

Weißt du's?

1. In welcher Stadt hat Gustave Eiffel zur Weltaustellung 1889 den berühmten Eiffelturm errichtet?
2. Welches Land liegt zu etwa einem Viertel in Europa, zu drei Vierteln in Asien?
3. Wie nennt man die einheitliche Währung in vielen europäischen Ländern?
4. Wie heißt der nördlichste Punkt Europas?
5. In welchem Land steht der höchste Berg Europas, der Mont Blanc?

Antworten:

1. Paris · 2. Russland · 3. Euro · 4. Nordkap · 5. Frankreich

Europa

Fläche:	rund 10,5 Millionen km² (einschließl. des europäischen Teils von Russland)
Einwohnerzahl:	rund 700 Millionen (einschließl. des europäischen Teils von Russland)

Europa gliedert sich in 46 Staaten:
Albanien, Andorra, Belgien, Bosnien und Herzegowina, Bulgarien, Dänemark, Deutschland, Estland, Finnland, Frankreich, Griechenland, Großbritannien, Irland, Island, Italien, Kosovo, Kroatien, Lettland, Liechtenstein, Litauen, Luxemburg, Malta, Mazedonien, Moldawien, Monaco, Montenegro, Niederlande, Norwegen, Österreich, Polen, Portugal, Rumänien, Russland, San Marino, Schweden, Schweiz, Serbien, Slowakei, Slowenien, Spanien, Tschechische Republik, Ukraine, Ungarn, Vatikanstadt, Weißrussland, Zypern

Rekorde

Kleinstes Land:	Vatikanstadt mit einer Fläche von rund 0,44 km²
Größtes Land:	Russland mit einer Fläche von rund 17 Millionen km², etwa ein Viertel des Landes liegt in Europa, drei Viertel in Asien
Höchster Berg:	Mont Blanc in Frankreich mit einer Höhe von 4807 m
Längster Fluss:	Wolga mit einer Länge von 3531 km
Größter See:	Ladogasee in Russland mit einer Fläche von 17 700 km²
Höchster Vulkan:	Ätna in Italien mit einer Höhe von 3350 m
Größte Insel:	Großbritannien mit einer Fläche von rund 230 000 km²

Europa

sah vor 20 000 Jahren ganz anders aus als heute. Es herrschte Eiszeit und große Gletscher bedeckten das Festland. Die Menschen zogen als Jäger und Sammler umher und folgten auf der Suche nach Nahrung den Herden der wilden Tiere. Das änderte sich, als mit dem Ende der letzten Eiszeit vor 12 000 Jahren die Gletscher abschmolzen. Grüne Wälder entstanden und die Menschen wurden sesshaft. Sie begannen Getreide anzubauen, webten Stoffe für Kleidung, fertigten Gefäße aus Ton und bearbeiteten Metalle wie Kupfer und Gold, um daraus Werkzeuge oder Schmuck herzustellen. Weil jedoch nicht jede Dorfgemeinschaft alles anfertigen konnte, begann man bald damit, Waren zu tauschen. Auf diese Weise entwickelte sich über die Jahrtausende ein richtiges Netz an Handelsbeziehungen.

Griechen und Römer

Im Süden Europas waren die Griechen die ersten großen Seefahrer und Händler. Sie beluden ihre Schiffe mit wertvollen Gütern wie Olivenöl, Keramik und Wein und tauschten sie entlang der Nordküste des Mittelmeers und des Schwarzen Meers gegen Getreide, Holz und Wein ein. Die Griechen segelten auch durch das Mittelmeer und gelangten mit starken Winden sogar bis nach Indien. Nach den Griechen kamen die Römer. Sie brachten feine Seide aus China und wilde Tiere aus Afrika und Asien nach Europa.

Wikinger

Im Norden Europas wohnten die Wikinger. Daher nannte man sie auch Nordmänner. Sie waren hervorragende Seefahrer. Mit ihren schnellen Schiffen machten sie sich im 8. Jahrhundert auf, um die Welt zu entdecken. Die schwedischen Wikinger segelten mit ihren Knorren nach Osten. Knorren waren leichte, widerstandsfähige Frachtschiffe, die die Wikinger mit Walrosszähnen und Seehundfellen beluden. Damit fuhren sie auf den russischen Flüssen bis ins Schwarze Meer. Die Wikinger aus Dänemark und Norwegen segelten mit ihren schnellen Drachenschiffen nach Westen. Sie fuhren die Küsten von Nordfrankreich und England entlang. Einige ganz Wagemutige überquerten sogar den Atlantischen Ozean. Sie entdeckten Island und Grönland und, lange vor Christoph Kolumbus, Amerika.

Die Griechen waren große Seefahrer und Händler. Vor rund 3000 Jahren besiedelten sie den gesamten Mittelmeerraum. Besonders gefürchtet waren die schnellen und wendigen Ruderboote der griechischen Flotte. Mit ihnen gewannen die Griechen große Schlachten, zum Beispiel gegen die Perser.

In England, Wales und Schottland gibt es viele alte Burgen, Schlösser und Festungen. In einigen soll es sogar spuken!

Zahlreiche Inseln sind der Hauptinsel Großbritannien vorgelagert. Die Shetland-Inseln bestehen aus etwa 100 zerklüfteten Inseln, von denen nur wenige bewohnt sind. Viele Menschen leben dort vom Fischfang.

In Island gibt es viele Vulkane. Im April 2010 brach der Vulkan Eyjafjallajökull aus. Er spuckte so viel Asche und Rauch, dass er den Flugverkehr in großen Teilen Europas lahmlegte.

Aus Island kommen die berühmten Islandpferde, auf denen Kinder besonders gut reiten können. Sie haben nämlich einen sehr gutmütigen Charakter und sind nicht so groß.

Island

Hauptstadt:	Reykjavik
Fläche (ca.):	103 000 km²
Einwohner:	rund 329 000
Sprache:	Isländisch

Größter Gletscher:
Mit 8300 km² ist der Vatnajökull nicht nur Islands, sondern auch Europas größter Gletscher.

Großbritannien

Hauptstadt:	London
Fläche (ca.):	243 000 km²
Einwohner in Mio.:	rund 61,9
Sprache:	Englisch

Älteste U-Bahn:
Die Londoner U-Bahn ist die älteste Untergrundbahn der Welt. Sie wird auch »Tube« (Röhre) genannt.

Irland

Hauptstadt:	Dublin
Fläche (ca.):	70 000 km²
Einwohner in Mio.:	rund 4,6
Sprachen:	Irisch, Englisch

Höchste Klippen:
Die Slieve League im Norden Irlands gehören zu den höchsten Klippen Europas. An ihrem höchsten Punkt sind sie fast 600 m hoch.

Die Kanalinseln

Geografisch gehören die Kanalinseln nicht zu den britischen Inseln. Sie liegen eher bei Frankreich. Von dort sind sie auch viel leichter zu erreichen als von England. Trotzdem werden die Kanalinseln aus politischen Gründen zu Großbritannien gezählt. Dennoch haben sie eigene Parlamente und ein eigenes Rechtswesen. Die Einwohner der Kanalinseln sprechen zum Teil Französisch, zum Teil Englisch. Auf allen Inseln gibt es eine eindrucksvolle Landschaft und viel unberührte Natur. So findet man dort Steilküsten, Sandstrände, Dünen, Waldgebiete, Wiesen und Felder. Und tolle Pflanzen wie zum Beispiel wilde Orchideen wachsen auf den Inseln.

In Nordeuropa

liegen die Länder Finnland, Schweden, Norwegen, Dänemark, Litauen, Lettland und Estland. **Norwegen** und **Schweden** sowie der äußerste Nordwesten von **Finnland** befinden sich auf der Halbinsel Skandinavien. Neben Wäldern ist Wasser das prägende Element Skandinaviens: Stille Seen, rauschende Flüsse, wilde Küsten und tiefe Wälder findet man hier. Wandert man in den nördlichen Regionen Skandinaviens durch die weitläufige, unberührte Natur, so kann man Rentiere, Polarfüchse, Wölfe, Elche, Schneehasen und manchmal sogar Bären sehen. Skandinavien verfügt über natürliche Ressourcen wie Öl, Fisch und Holz. Es herrscht kontinentales Klima: Im Sommer ist es warm bis heiß. Im Winter schneit es, teilweise können die Temperaturen dann unter minus 40 Grad Celsius fallen.

Die norwegische Küste ist geprägt von Fjorden. Das sind schmale Meeresbuchten mit steilen Felswänden. Oft reichen sie weit in das Landesinnere hinein. Der längste Fjord Norwegens ist der Sognefjord.

Dänemark ist nahezu rundum vom Meer umgeben. Nur im Süden gibt es eine Landgrenze zu Deutschland. Das Land umfasst beinahe die ganze Halbinsel Jütland sowie über 500 Inseln in Nord- und Ostsee. Nur ein kleiner Teil dieser Inseln ist bewohnt. Zu Dänemark gehören auch zwei autonome Gebiete im Nordatlantik, die Färöer-Inseln und Grönland. Die größte und am dichtesten besiedelte dänische Insel ist Seeland. Zwei von fünf Dänen leben hier. Dänemark hat ein gemäßigtes Seeklima mit kühlen Sommern und milden Wintern. Es ist ein flaches Land mit niedrigen Hügeln und bewaldeten Tälern. An der Küste gibt es hohe Dünen und breite Sandstrände.

Die drei baltischen Staaten **Litauen**, **Lettland** und **Estland** liegen nebeneinander an der nordöstlichen Ostseeküste. Alle drei Länder zusammen sind nur etwa halb so groß wie Deutschland. Litauen ist der flächenmäßig größte und zugleich bevölkerungsreichste baltische Staat. In weiten Teilen sind die drei Länder von Wäldern und Mooren bedeckt. Es gibt hier auch viele Flüsse und Seen. Litauen, Lettland und Estland haben kalte Winter mit viel Schnee und feuchtkühle Sommer. Die drei baltischen Länder waren früher Sowjetrepubliken, seit 1991 sind sie jedoch eigenständig.

Die kleine Meerjungfrau

Die wahrscheinlich bekannteste Person Kopenhagens sitzt seit fast 100 Jahren auf einem Stein. Es ist die Statue der kleinen Meerjungfrau. Sie wurde zu Ehren des dänischen Märchendichters Hans Christian Andersen aufgestellt. Die Figur entstammt einem seiner Märchen. Darin hat sich eine schöne Meerjungfrau unsterblich in einen Prinzen aus der Menschenwelt verliebt. Sie opfert ihre Stimme, um dafür statt ihres Fischschwanzes zwei Menschenbeine zu bekommen. Nun muss sie jedoch stumm mit ansehen, wie der Prinz sie zugunsten einer Prinzessin verlässt. Schließlich stürzt sich die unglückliche Nixe ins Meer. Seit dem Jahr 1913 sitzt die Meerjungfrau in Bronze gegossen an der Einfahrt zu Kopenhagens Hafen.

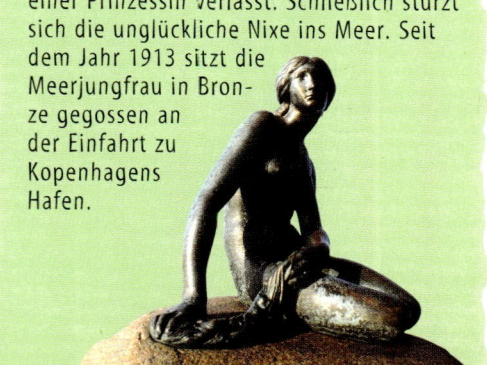

Jan-Erik aus Tromsø (11 Jahre)

»Hei! Ich heiße Jan-Erik und bin 11 Jahre alt. Mit meinen Eltern und meinen zwei großen Schwestern wohne ich in Tromsø. Das ist eine Stadt im Norden Norwegens. Man nennt Tromsø auch »Eismeerstadt«. Früher fuhren von Tromsø aus nämlich viele Seefahrer mit ihren Schiffen in das nördliche Eismeer, um Wale, Robben und Fische zu fangen. Im Sommer ist es hier in Tromsø am schönsten. Da kann ich ganz lange draußen spielen, weil es überhaupt nicht dunkel wird. Es gibt sogar einen Tag, da scheint die Sonne auch noch um Mitternacht. Das nennt man dann Mitternachtssonne. Dann muss ich das Fensterrollo bis ganz nach unten ziehen. Sonst könnte ich gar nicht schlafen. Im Winter dagegen komme ich kaum aus dem Bett. Denn zwischen Dezember und Mitte Januar ist es hier immer ziemlich dunkel. Da geht die Sonne auch tagsüber kaum auf. Mittags ist es nur ein bisschen dämmrig. In kalten, klaren Winternächten kann man das Nordlicht sehen. Das flackert dann mit den Sternen um die Wette.«

NORDSEE

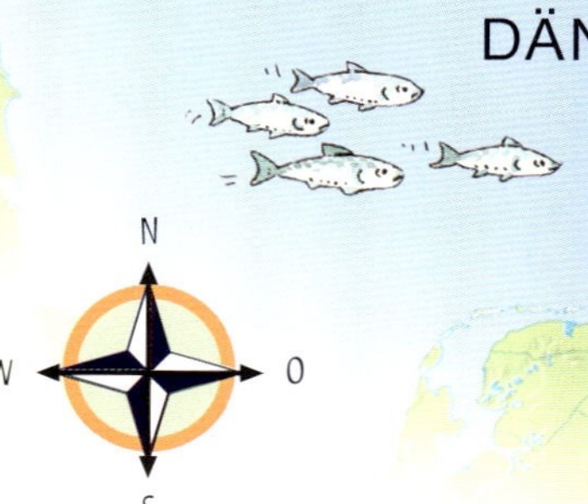

Skandinavier lieben es, in die Sauna zu gehen. Das ist ein kleiner Raum, in dem es heiß und feucht ist, weil man Wasser auf einen Stein gibt, das dann verdampft.

An der Küste von Litauen und den anderen baltischen Staaten gibt es Bernstein. Das gelblich schimmernde Gestein ist vor Jahrmillionen aus Harz entstanden.

Im Norden von Skandinavien leben die Samen. Sie haben ihre eigene Sprache und Bräuche. Viele Samen halten Rentiere, die Felle, Fleisch und Milch liefern.

Nordkap
Hammerfest
Tromsø
Inarisee
Vesterålen
Lofoten
Narvik
Kiruna
Kebnekajse
Lokkasee
Lappland
Nördlicher Polarkreis
RUSSLAND
FINNLAND
NORWEGEN
SCHWEDEN
SCHER
Luleå
Oulu
Oulusee
Bottnischer Meerbusen
Umeå
Trondheimfjord
Trondheim
Östersund
esund
Vaasa
Kuopio
Finnische Seenplatte
Glittertind
Tampere
Lathi
Mjösensee
Turku
HELSINKI
Falun
Espoo
rdanger-vidda
OSLO
Uppsala
Åland-inseln
Finnischer Meerbusen
Örebro
Narva
Vänersee
STOCKHOLM
TALLINN
Peipussee
Hiiumaa
ESTLAND
ristiansand
Saaremaa
Tartu
Skagerrak
Göteborg
Vättersee
Kattegat
Rigaer Bucht
Jönköping
Gotland
Aalborg
Jurmala
RIGA
Öland
Liepaja
LETTLAND
Aarhus
Düna
Jütland
Siauliai
Daugavpils
Helsingborg
KOPENHAGEN
sbjerg
Klaipéda
LITAUEN
Seeland
ARK
Malmö
Odense
Bornholm
OSTSEE
Memel
Lolland
Falster
zu Russland
Kaunas
VILNIUS
EUTSCHLAND
POLEN
km 0 100 200 400
Meilen 0 100 200 400

Finnland

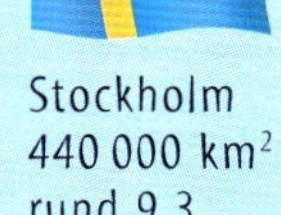

Hauptstadt:	Helsinki
Fläche (ca.):	338 000 km²
Einwohner in Mio.:	rund 5,3
Sprachen:	Finnisch, Schwed.

Schweden

Hauptstadt:	Stockholm
Fläche (ca.):	440 000 km²
Einwohner in Mio.:	rund 9,3
Sprache:	Schwedisch

Norwegen

Hauptstadt:	Oslo
Fläche (ca.):	386 000 km²
Einwohner in Mio.:	rund 4,8
Sprache:	Norwegisch

Dänemark

Hauptstadt:	Kopenhagen
Fläche (ca.):	43 000 km²
Einwohner in Mio.:	rund 5,5
Sprache:	Dänisch

Litauen

Hauptstadt:	Vilnius
Fläche (ca.):	65 000 km²
Einwohner in Mio.:	rund 3,3
Sprache:	Litauisch

Lettland

Hauptstadt:	Riga
Fläche (ca.):	64 600 km²
Einwohner in Mio.:	rund 2,3
Sprache:	Lettisch

Estland

Hauptstadt:	Tallinn
Fläche (ca.):	45 000 km²
Einwohner in Mio.:	rund 1,3
Sprache:	Estnisch

Mitteleuropa

Mitteleuropa wird durch die Ostsee von Nordeuropa getrennt. Im Süden reicht Mitteleuropa bis zu den Alpen. Mitteleuropa ist dicht besiedelt. Die meisten Menschen wohnen in großen Städten wie Berlin, Zürich, Wien, Brüssel oder Amsterdam. Durch Mitteleuropa fließen zwei der längsten Flüsse Europas: der Rhein und die Donau. Nur die Wolga ist noch länger. In Mitteleuropa herrscht ein gemäßigtes Klima mit milden Wintern und nicht so warmen Sommern. Die Landschaft ist mit wenigen Ausnahmen vom Menschen geprägt. Naturbelassene Gebiete gibt es kaum noch. So etwas nennt man Kulturlandschaft. Die Menschen haben sich die Landschaft nach ihren Bedürfnissen eingerichtet und immer wieder verändert. Ein großer Teil der **Niederlande** befindet sich unter dem Meeresspiegel. Im Laufe der Jahre wurde immer mehr Land dem Meer abgerungen und trockengelegt. Die Niederlande sind ganz flach. Es gibt hier keine hohen Gebirge. Die findet man dagegen in den dicht bewaldeten belgischen Ardennen oder in den Alpen, dem mächtigsten Hochgebirge Europas. **Österreich**, die **Schweiz** und **Liechtenstein** nennt man auch Alpenrepubliken. Nicht nur die Landschaft im mittleren Teil Europas ist vielgestaltig. Jedes einzelne Land hat auch seine eigenen Spezialitäten. So ist **Deutschland** berühmt für sein gutes Bier und seine vielen Brotsorten. Die Schweiz ist bekannt für ihre gute Schokolade. In Österreich gibt es viele leckere Mehlspeisen, zum Beispiel den Kaiserschmarrn. Auch aus den Benelux-Staaten kommen viele leckere Sachen. Benelux ist die Abkürzung für **Belgien**, Niederlande und **Luxemburg**. Zu den niederländischen Spezialitäten gehören unter anderem Käse und Lakritz. Und aus Belgien – man glaubt es kaum – kommen die Pommes frites!

Yannick aus Brüssel (9 Jahre)

»Salut! Ich heiße Yannick und bin 9 Jahre alt. Mit meinen Eltern lebe ich am Rand von Brüssel. Am liebsten zeichne ich Comics! Mein großes Vorbild ist Hergé. Der wurde auch in einem Brüsseler Vorort geboren. Ist aber schon etwas länger her. Jetzt ist er schon tot. Von Hergé stammt unter anderem »Tim und Struppi«. Der mutige Tim erlebt mit seinem Hund immer tolle Abenteuer. Ganz so spannend ist mein Leben leider nicht. Vormittags und nachmittags sitze ich in der Schule. Danach gehe ich oft zum Turnen. Mittwochs habe ich in der Innenstadt Gitarrenunterricht. Das ist gleich in der Nähe vom Atomium. Das Atomium wurde für die Weltausstellung 1958 gebaut. Es besteht aus neun riesigen Stahlkugeln. Zum Klettern sind die viel zu groß. In der obersten Kugel ist sogar ein Restaurant. Die Kugeln sollen die Atome eines Eisenmoleküls darstellen. Vielleicht zeichne ich das Atomium nächste Woche einfach mal ab – für meinen neuen Comic!«

Die Mauer muss weg!

Als Folge des Zweiten Weltkriegs wurde Deutschland in einen ostdeutschen und einen westdeutschen Teil geteilt: in die **Deutsche Demokratische Republik** (DDR) und in die **Bundesrepublik Deutschland** (BRD). Während die BRD eine Demokratie war, herrschte in der DDR Kommunismus. Im August 1961 begann die DDR, die Grenzen zwischen Westberlin und Ostberlin mit Stacheldraht und Betonpfeilern abzuriegeln. Dieser Grenzverhau wurde in einer Nacht-und-Nebel-Aktion zu einer massiven Mauer ausgebaut. Die Berliner Mauer trennte fortan den Ostteil der Stadt vom Westteil. Im Herbst 1989 gingen die Menschen in der DDR auf die Straße und forderten das Ende der deutschen Teilung. Am 9. November 1989 gab die DDR-Regierung dem Willen des Volkes schließlich nach und öffnete die Berliner Mauer. Ein Jahr später kam es zur Wiedervereinigung der beiden deutschen Staaten. Daran erinnert jedes Jahr der Nationalfeiertag am 3. Oktober, der Tag der Deutschen Einheit.

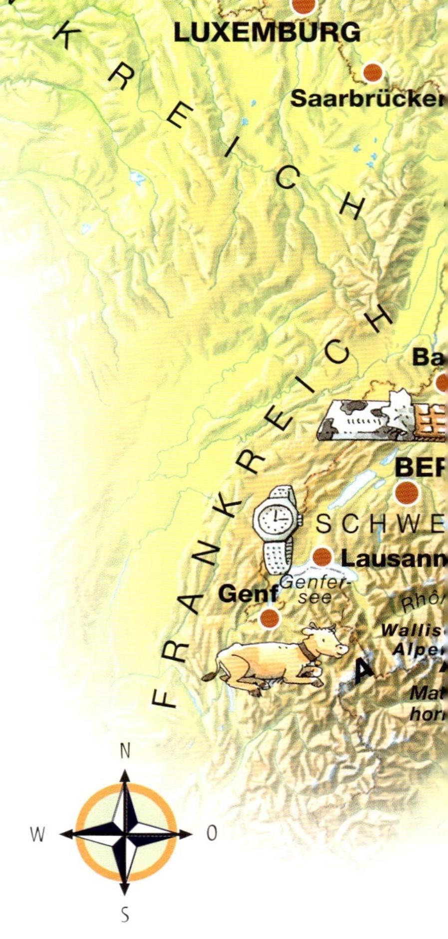

Rotterdam hat den größten Hafen Europas. Mehrere Hundert Millionen Tonnen Waren werden hier jährlich umgeschlagen, also ein-, aus- oder umgeladen.

1989 wurde die Grenze, die quer durch Berlin lief, geöffnet. Das Brandenburger Tor ist ein Wahrzeichen Berlins und das Symbol der deutschen Einheit.

Das bis zu fünf Meter lange Alphorn nutzten Almbauern aus den Alpen, um sich über weite Entfernungen miteinander zu verständigen.

Amsterdam war früher eine wichtige Handelsstadt. Davon zeugen die prunkvollen Giebelhäuser, die sich reiche Kaufleute errichten ließen.

MITTELEUROPA

DÄNEMARK
OSTSEE
Rügen
Usedom
Kiel
Hamburg
Schwerin
Mecklenburgische
Müritz
Seenplatte
Elbe
Bremen
Weser
Hannover
Potsdam
BERLIN
Magdeburg
POLEN
DEUTSCHLAND
Harz
Leipzig
Elbe
Dresden
Erfurt
Hessisches Bergland
Erzgebirge
Frankfurt am Main
Main
TSCHECHISCHE REPUBLIK
Nürnberg
Bayerischer Wald
Donau
Stuttgart
Isar
Linz
Donau
WIEN
Neusiedler See
München
Salzburg
Bodensee
ÖSTERREICH
Zugspitze
Zürich
Innsbruck
Niedere Tauern
Hohe Tauern
Großglockner
Graz
LIECHTENSTEIN
VADUZ
Inn
Klagenfurt
Karawanken
Drau
SLOWENIEN
ALPEN
ITALIEN

	0	100	200
km			
Meilen	0	100	200

Traumhafte Schlösser und Burgen wie das »Märchenschloss« Neuschwanstein findet man im Süden Deutschlands.

Viele Schweizer sind begeisterte Bergsteiger. Die gefährlichen Steilwände der Alpen sind aber nur etwas für geübte Kletterer.

Deutschland

Hauptstadt:	Berlin
Fläche (ca.):	357 000 km²
Einwohner in Mio.:	rund 82,1
Sprache:	Deutsch

Österreich

Hauptstadt:	Wien
Fläche (ca.):	84 000 km²
Einwohner in Mio.:	rund 8,4
Sprache:	Deutsch

Schweiz

Hauptstadt:	Bern
Fläche (ca.):	41 300 km²
Einwohner in Mio.:	rund 7,6
Sprachen:	Deutsch, Französisch, Italienisch, Rätoromanisch

Liechtenstein

Hauptstadt:	Vaduz
Fläche (ca.):	160 km²
Einwohner:	rund 36 000
Sprache:	Deutsch

Belgien

Hauptstadt:	Brüssel
Fläche (ca.):	30 500 km²
Einwohner in Mio.:	rund 10,7
Sprachen:	Französisch, Niederländisch, Deutsch

Niederlande

Hauptstadt:	Amsterdam
Fläche (ca.):	37 400 km²
Einwohner in Mio.:	rund 16,7
Sprache:	Niederländisch

Luxemburg

Hauptstadt:	Luxemburg
Fläche (ca.):	2586 km²
Einwohner:	rund 492 000
Sprachen:	Luxemburgisch, Deutsch, Französisch

Die Länder im Süden Europas

werden von vielen Touristen besucht. Sie ziehen sich nämlich fast alle am Mittelmeer entlang und haben ein mediterranes Klima. Die Sommer sind in der Regel heiß und trocken – also ideal zum Baden. Im Winter ist es mild und regenreich. Den Teil Europas südwestlich der Pyrenäen nennt man Iberische Halbinsel. Auf dieser Halbinsel liegen **Spanien, Portugal** sowie die Kleinstaaten **Andorra** und **Gibraltar.** Zu Spanien gehören auch Ferieninseln wie die Balearen im Mittelmeer oder die Kanaren vor der Westküste Afrikas. Der längste Fluss Spaniens ist der Tajo (portugiesisch Tejo). Der Tajo mündet in Portugal in den Atlantik. Portugal wird von diesem Fluss in zwei Hälften geteilt. Im Norden des Flusses befindet sich eine grüne Hügellandschaft, im Süden eine trockene Tiefebene. Zu Portugal gehören auch die Azoren. Das ist eine Gruppe von neun Inseln, die im Atlantik zwischen Europa und Nordamerika liegen.

Frankreich ist der größte Staat im Westen Europas. Korsika ist die einzige Insel im Mittelmeer, die zu Frankreich gehört. Frankreich bietet ganz abwechslungsreiche Landschaften wie zum Beispiel den Norden mit seinen schroffen Felsküsten, Mittelfrankreich mit den rauen Bergen des Zentralmassivs oder den milden Süden mit kilometerlangen Stränden. Auch kulturell gesehen ist Frankreich ein reiches Land. Man kann dort zum Beispiel romanische Kirchen, verspielte Renaissance-Schlösser oder großartige Museen besuchen, etwa den weltberühmten Louvre in Paris.

Italien ist eine lange, schmale Halbinsel, die ins Mittelmeer ragt. Auf der Landkarte sieht der Staat wie ein Stiefel aus. Italien umfasst auch die großen Inseln Sizilien und Sardinien sowie zahlreiche weitere kleine Inseln und Inselgruppen. Innerhalb Italiens liegen die unabhängigen Enklaven **San Marino** und **Vatikanstadt.** Fast jede Stadt in Italien bietet viel Geschichte und Kultur.

km	0	100	200	400
Meilen	0	100	200	400

Der Atlantische Ozean und das Mittelmeer bieten ein reichhaltiges Angebot an Fischen und anderen Meerestieren. Durch hohe Fangquoten und die Schadstoffbelastung der Meere gehen die Fischbestände aber teilweise stark zurück.

Spanien ist berühmt für seine Stierkämpfe. Um den Stier zu reizen, schwenkt der Stierkämpfer (Torero) ein rotes Tuch.

Boule ist ein typisches französisches Spiel. Überall in Frankreich sieht man Menschen, die Kugeln über sandige Plätze werfen.

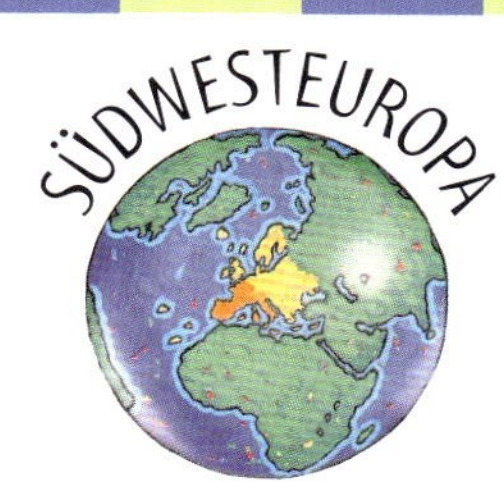

Der Vatikan ist einer der kleinsten Staaten der Welt. Der Kirchenstaat liegt inmitten der italienischen Hauptstadt Rom. Das Zentrum des Vatikan ist der Petersplatz mit dem Petersdom. Hier wohnt und arbeitet Papst Benedikt XVI. Der deutsche Kardinal wurde 2005 zum Papst gewählt.

Italien

Hauptstadt:	Rom
Fläche (ca.):	301 000 km²
Einwohner in Mio.:	rund 60,1
Sprache:	Italienisch

Vatikanstadt

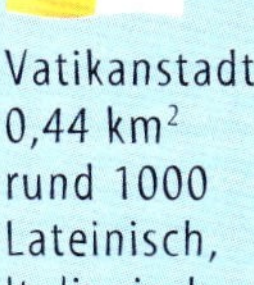

Hauptstadt:	Vatikanstadt
Fläche (ca.):	0,44 km²
Einwohner:	rund 1000
Sprachen:	Lateinisch, Italienisch

San Marino

Hauptstadt:	San Marino
Fläche (ca.):	61 km²
Einwohner:	rund 32 000
Sprache:	Italienisch

Spanien

Hauptstadt:	Madrid
Fläche (ca.):	506 000 km²
Einwohner in Mio.:	rund 45,3
Sprache:	Spanisch

Andorra

Hauptstadt:	Andorra la Vella
Fläche (ca.):	468 km²
Einwohner:	rund 87 000
Sprache:	Katalanisch

Portugal

Hauptstadt:	Lissabon
Fläche (ca.):	92 000 km²
Einwohner in Mio.:	rund 10,7
Sprache:	Portugiesisch

Frankreich

Hauptstadt:	Paris
Fläche (ca.):	551 000 km²
Einwohner in Mio.:	rund 62,6
Sprache:	Französisch

Monaco

Hauptstadt:	Monaco-Ville
Fläche (ca.):	1,95 km²
Einwohner:	rund 33 000
Sprache:	Französisch

Jorge aus Lissabon (9 Jahre)

»Hola! Ich heiße Jorge, bin 9 Jahre alt und finde Fußball klasse. Wenn ich einmal groß bin, will ich unbedingt Fußballspieler werden. So wie Luis Figo. Den bewundere ich nämlich am meisten! Mit meinen Eltern wohne ich in Lissabon. Unsere Stadt ist auf Hügeln erbaut. Darum sind viele Straßen hier leider sehr steil und schmal. Um von der Unterstadt (Baixa) in die Oberstadt (Bairro Alto) zu kommen, nimmt man sogar einen Aufzug, den Elevador. Zum Glück gibt es in Lissabon aber einige öffentliche Plätze, auf denen man ganz gut kicken kann. In Lissabon ist auch das größte Stadion des Landes, das Estádio da Luz.«

In Ost- und Südosteuropa

herrscht gemäßigt kontinentales Klima sowie Mittelmeerklima: warme, trockene Sommer und kalte Winter im Binnenland sowie mediterranes Klima in den Küstenregionen. Dort ist es im Sommer heiß und trocken und im Winter regnerisch. Frost und Schnee gibt es an der Küste nur selten.

Die meisten Länder in dieser europäischen Region leben von der Landwirtschaft und vom Tourismus. Das Haupturlaubsziel in **Ungarn** ist für viele der Plattensee (Balaton). Das ist der größte und wärmste Binnensee Europas. Ungarn liegt eingebettet im Karpatenbecken. Die Karpaten sind ein Hochgebirge in Mittel-, Ost- und Südosteuropa. Anteil an den Karpaten hat unter anderem auch **Polen**. Dieses Land liegt zwischen der Ostsee und den Karpaten. In Polen gibt es lange Strände, Hunderte von Seen, endlose Wälder und zottelige Wisente. Die schon fast ausgestorbenen Wisente sind die größten Landsäugetiere Europas. Aber auch in der **Slowakei** und in der **Tschechischen Republik** gibt es noch richtig wilde Tiere. In der Hohen Tatra, dem polnisch-slowakischen Grenzgebirge, und im tschechischen Böhmerwald leben zum Beispiel Braunbären. Die beiden Länder Tschechische Republik und Slowakei sind 1993 aus der damaligen Tschechoslowakei (ČSSR) hervorgegangen. Nicht nur das westliche Osteuropa, auch Südosteuropa, die so genannte Balkanregion, hat nach dem Zusammenbruch des Kommunismus ein völlig neues Gesicht bekommen. Die Balkanhalbinsel erstreckt sich zwischen dem Schwarzen Meer und dem Mittelmeer. Zu den Balkanstaaten im engeren Sinne gehören **Slowenien, Kroatien, Bosnien und Herzegowina, Serbien, Montenegro, Mazedonien, Kosovo** und **Albanien.** Im weiteren Sinne gehören aber auch **Rumänien** und **Bulgarien** dazu. Immerhin befindet sich hier das Balkangebirge, das der Halbinsel seinen Namen gegeben hat. Manchmal werden auch **Griechenland** und der europäische Teil, der **Türkei** zu diesem Gebiet gezählt.

Elena aus Kreta (8 Jahre)

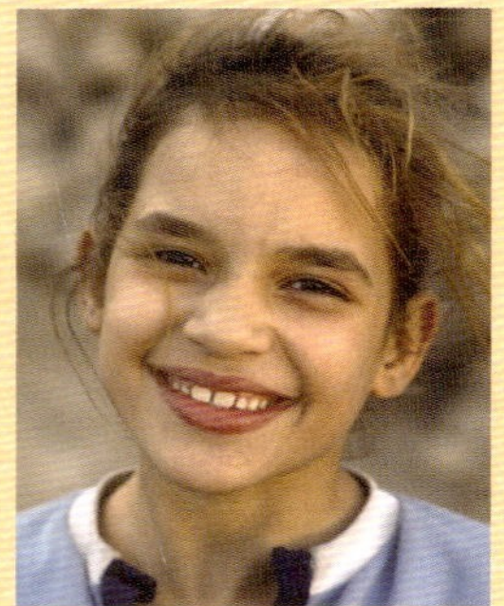

»Geia sou! Mein Name ist Elena. Ich bin 8 Jahre alt und lebe mit meiner Familie in einem kleinen Dorf auf Kreta. Kreta ist die größte Insel Griechenlands. Im Sommer ist es hier sehr heiß. Da man wegen der großen Hitze nicht gut lernen kann, haben wir dann lange Schulferien. Jedes Jahr kommen viele Touristen nach Kreta, um zu baden oder um sich uralte Tempel, Klöster und Ruinen anzuschauen. Und obwohl es so heiß ist, laufen sie oft sogar mittags durch unser Dorf! Wir gehen dann lieber in unsere kühlen Häuser und ruhen uns aus. Erst am späten Nachmittag, wenn die Sonne nicht mehr so stark scheint, erwacht das Leben wieder. Viele Frauen sitzen dann vor der Haustür und putzen Gemüse. Männer flicken Fischernetze. Die Geschäfte öffnen und meistens hört man irgendwo Handwerker hämmern. Abends treffen sich alle Menschen auf dem Dorfplatz. Hier kann man zusammen essen, etwas trinken und miteinander reden. Und wir Kinder flitzen hin und her und dürfen ganz lange aufbleiben!«

Seit Jahrtausenden werden am Mittelmeer Oliven angebaut. Aus ihnen gewinnt man zum Beispiel Speiseöl.

Geteilt in Nord und Süd

Zypern, nach Sizilien und Sardinien die drittgrößte Insel im Mittelmeer, befindet sich südlich der Türkei. Zypern ist seit 1974 geteilt in den griechisch-zypriotischen Süden und den türkischen Norden. Damals haben türkische Truppen den kleineren Nordteil nach langen Kämpfen gegen die Griechen erobert und besetzt. Die Griechen flohen in den südlichen Teil der Insel. Selbst die Hauptstadt Nikosia (Lefkosia) ist getrennt.
Hast du schon einmal Ziegenkäse mit Minze gegessen? Das ist Zyperns Nationalgericht und heißt Halloumi. Seit Jahrhunderten wird der Käse nach uralten Rezepten hergestellt. Halloumi wird auf viele verschiedene Arten zubereitet.

Ost- & Südosteuropa

ETTLAND
RUSSLAND
Vicebsk
Dwina
TAUEN
Orscha
Minsker Höhe
MINSK
WEISSRUSSLAND
ystok
Baranoviči
Pinsk
Homel
Dnjepr
Mazyr
Kiewer Stausee
KIEW
Charkow
Dnjepr
Krementschuger Stausee
UKRAINE
Luhansk
Dnjestr
Dnipropetrovsk
Donezk
Krivyj Rih
Saporischschja
Botosani
Balti
MOLDAWIEN
CHIŞINĂU
Mikolajiv
Maryupol
Prut
Tiraspol
Odessa
Dnjepr
Asowsches Meer
RUMÄNIEN
Sibiu
Brasov
Krim
Braila
Donaudelta
Simferopol
BUKAREST
Constanța
Craiova
SCHWARZES MEER
Varna
Pleven
Balkan
Burgas
BULGARIEN
Plovdiv
Kavala
Thessaloniki
Limnos
Lesbos
Chios
Ägäisches Meer
TÜRKEI
Südliche Sporaden
Kykladen
Rhodos
ZYPERN
NIKOSIA
Limassol
Kreta

In der weiten, fast baumlosen Puszta östlich der Donau haben ungarische Hirten jahrhundertelang ihre Schaf- und Rinderherden zu Pferde gehütet.

In den Wirren des Bürgerkrieges wurde die berühmte Brücke von Mostar 1993 zerstört. Sie verband die kroatische und die bosnische Hälfte der Stadt. Die Brücke wurde mit Steinen aus benachbarten Steinbrüchen wieder aufgebaut und Ende Juli 2004 eingeweiht.

km 0 100 200
Meilen 0 100 200

Albanien
Hauptstadt: Tirana
Fläche (ca.): 28 700 km²
Einwohner in Mio.: rund 3,2
Sprache: Albanisch

Kosovo
Hauptstadt: Priština
Fläche (ca.): 10 900 km²
Einwohner in Mio.: rund 2,1
Sprachen: Alban., Serbisch

Polen
Hauptstadt: Warschau
Fläche (ca.): 313 000 km²
Einwohner in Mio.: rund 38,1
Sprache: Polnisch

Tschechische Republik
Hauptstadt: Prag
Fläche (ca.): 78 900 km²
Einwohner in Mio.: rund 10,4
Sprache: Tschechisch

Slowakei
Hauptstadt: Bratislava
Fläche (ca.): 49 000 km²
Einwohner in Mio.: rund 5,4
Sprache: Slowakisch

Ungarn
Hauptstadt: Budapest
Fläche (ca.): 93 000 km²
Einwohner in Mio.: rund 10
Sprache: Ungarisch

Slowenien
Hauptstadt: Ljubljana
Fläche (ca.): 20 300 km²
Einwohner in Mio.: rund 2
Sprache: Slowenisch

Kroatien
Hauptstadt: Zagreb
Fläche (ca.): 56 600 km²
Einwohner in Mio.: rund 4,4
Sprache: Kroatisch

Bosnien und Herzegowina
Hauptstadt: Sarajevo
Fläche (ca.): 51 200 km²
Einwohner in Mio.: rund 3,8
Sprachen: Bosnisch, Kroatisch, Serbisch

Mazedonien
Hauptstadt: Skopje
Fläche (ca.): 25 700 km²
Einwohner in Mio.: rund 2
Sprache: Mazedonisch

Montenegro
Hauptstadt: Podgorica
Fläche (ca.): 13 800 km²
Einwohner: rund 626 000
Sprache: Montenegrinisch

Serbien
Hauptstadt: Belgrad
Fläche (ca.): 77 500 km²
Einwohner in Mio.: rund 7,4
Sprache: Serbisch

Griechenland
Hauptstadt: Athen
Fläche (ca.): 132 000 km²
Einwohner in Mio.: rund 11,2
Sprache: Griechisch

Malta

Hauptstadt: Valletta
Fläche (ca.): rund 316 km²
Einwohner: rund 410 000
Sprachen: Maltesisch, Engl.

Zypern
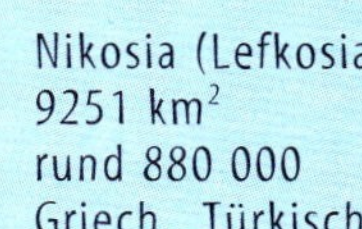
Hauptstadt: Nikosia (Lefkosia)
Fläche (ca.): 9251 km²
Einwohner: rund 880 000
Sprachen: Griech., Türkisch

Bulgarien
Hauptstadt: Sofia
Fläche (ca.): rund 111 000 km²
Einwohner in Mio.: rund 7,5
Sprache: Bulgarisch

Rumänien

Hauptstadt: Bukarest
Fläche (ca.): 238 400 km²
Einwohner in Mio.: rund 21,2
Sprache: Rumänisch

Moldawien
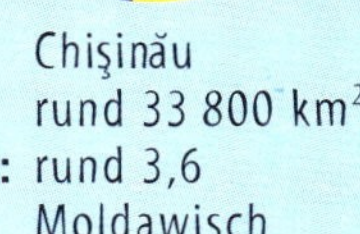
Hauptstadt: Chişinău
Fläche (ca.): rund 33 800 km²
Einwohner in Mio.: rund 3,6
Sprache: Moldawisch

Weißrussland
Hauptstadt: Minsk
Fläche (ca.): 207 600 km²
Einwohner in Mio.: rund 9,7
Sprachen: Weißrussisch, Russisch

Ukraine

Hauptstadt: Kiew
Fläche (ca.): 604 000 km²
Einwohner in Mio.: rund 45,4
Sprache: Ukrainisch

Asien

Asien erstreckt sich von der Arktis bis zum Äquator. Die Beringstraße trennt Asien von Nordamerika. Das Uralgebirge, der Uralfluss, das Kaspische Meer, das Kaukasusgebirge und das Schwarze Meer bilden die Grenze zwischen Europa und Asien. Da Europa und Asien eng miteinander verbunden sind, spricht man auch vom Doppelkontinent Eurasien.

Kontinent der Superlative

Asien ist wirklich ein Kontinent der Rekorde! So ist Asien der größte Erdteil. Flächenmäßig ist Asien etwa viermal so groß wie Europa. Einschließlich seiner Inseln umfasst Asien ungefähr ein Drittel der Landfläche der Erde. Asien ist auch der bevölkerungsreichste Kontinent. Hier leben fast zwei Drittel der gesamten Menschheit. Zudem liegt in Asien der höchste Gipfel der Welt, der Mount Everest, sowie die tiefste Landschaft der Erde, das Tote Meer. Der Wasserspiegel dieses Salzsees liegt weit unter dem Meeresspiegel.

Unterschiedliche Landschaften

Asien weist ganz unterschiedliche Landschaften auf. Der riesige Kontinent hat von tropischen Stränden bis zum höchsten Gebirge (Himalaya) und von unfruchtbaren Hochländern, fruchtbaren Ebenen bis zu erdölreichen Wüstenregionen alles zu bieten. Der Südosten des Kontinents besteht fast ausschließlich aus einer Vielzahl größerer und kleinerer Inseln. Hier wachsen tropische Regenwälder, in denen neben vielen Affenarten auch Leoparden, Löwen und Tiger leben. Das feuchtheiße Klima in diesen Regionen eignet sich besonders gut zum Anbau von Reis, dem wichtigsten Lebensmittel in Asien. Durch seine große Ausdehnung hat Asien Anteil an allen Klimatypen. In Sibirien befinden sich die kältesten Gebiete der Erde. Dagegen erreicht das Thermometer auf der Arabischen Halbinsel Rekordwerte. Hier herrscht überwiegend wüstenhaftes Klima. In der Deltaregion des Ganges in Nordostindien fällt der meiste Niederschlag der Erde. Durch den Monsunregen kommt es hier immer wieder zu verheerenden Überschwemmungen.

Die Taiga im Norden Asiens ist das größte zusammenhängende Waldgebiet der Erde. In der Taiga gibt es immer noch »weiße Flecken«, also Stellen, die noch nie ein Mensch betreten hat.

SCHWARZES MEER
TÜRKEI
SYRIEN
LIBANON
ISRAEL
JORDANIEN
ÄGYPTEN
ROTES ME

Kinder in Asien

Asien ist ein Kontinent voller Gegensätze. Es gibt dort sehr reiche und viele unvorstellbar arme Menschen. Eines der reichsten Länder der Welt ist zum Beispiel Katar. Zahlreiche Erdöl- und Erdgasvorkommen haben Katar zu dem Reichtum verholfen. Die meisten Kinder in Katar wachsen in großem Wohlstand auf. Zu Hause müssen sie nicht mithelfen. Fast alle Arbeiten werden von Gastarbeitern verrichtet. Die Schulausbildung ist für sie kostenlos. Sie leben mit ihren Familien in prunkvollen Häusern und können sich teure Hobbys wie Falkenjagd oder Golfen leisten. Auch in Japan ist eine gute Schulausbildung für die Kinder selbstverständlich. In anderen Ländern Asiens wachsen Kinder dagegen in großer Armut auf. Das ärmste Land Asiens ist Osttimor. Hier haben die Menschen nicht genug zu essen, viele Kinder sind unterernährt. In Osttimor, aber auch in einigen anderen asiatischen Ländern, gehen viele Kinder nicht regelmäßig zur Schule. Ihre Eltern haben nicht genug Geld, um die Schulbücher, die Uniformen und die Mahlzeiten zu bezahlen. Die Kinder müssen selbst arbeiten und im Haus oder bei der Landwirtschaft helfen.

In Asien gibt es sowohl pulsierende Städte als auch ganz abgeschiedene Orte. Ein großer Teil der asiatischen Kinder wächst in riesigen Städten wie Peking, Shanghai oder Tokyo auf. Oft leben sie hier in Hochhäusern, um die der Verkehr auf mehreren Ebenen brodelt. Es gibt aber auch Mädchen und Jungen, die mit ihren Familien in weit abgelegenen kleinen Siedlungen oder Dörfern leben. Diese Orte sind oftmals von der Außenwelt nahezu abgeschnitten.

Faszinierende Kulturen

Die asiatische Bevölkerung setzt sich aus unterschiedlichsten Gruppen zusammen. Es gibt in Asien viele verschiedene Völker mit eigener Sprache, Kultur und Religion. Alle großen Weltreligionen wie Judentum und Christentum, Islam, Hinduismus und Buddhismus sind in Asien entstanden.

F G H I J K L M N

Neusibirische Insel
Ostsibirische See
Laptewsee
Wrangel-insel
Tschuktschen-see
Semlja
Karasee
Taimyr-Halbinsel
Beringstraße
Nördlicher Polarkreis
Jenissei
Lena
Sibirien
RUSSLAND
URAL
Ob
BERING-MEER
OCHOTSKISCHES MEER
Kamtschatka
Aléuten
Sachalin
Baikal-see
Amur
Kurilen
Irtysch
Altai
MONGOLEI
KASACHSTAN
Aral-see
Balchasch-see
Mandschurei
Hokkaido
USBEKISTAN
KIRGISISTAN
Wüste Gobi
NORD-KOREA
Japanisches Meer/Ostmeer
TURKMENISTAN
TADSCHIKISTAN
Takla Makan
CHINA
SÜD-KOREA
JAPAN
Huang He
Gelbes-Meer
Honshu
AFGHANISTAN
PAKISTAN
HIMALAYA
Mt. Everest
NEPAL
BHUTAN
Chang Jiang
Kyushu
Ostchinesisches Meer
Indus
Ganges
BANGLADESCH
TAIWAN
Nördlicher Wendekreis
Golf
V.A.E.
OMAN
INDIEN
MYANMAR
LAOS
VIETNAM
ARABISCHES MEER
Golf von Bengalen
THAILAND
KAMBODSCHA
Süd-chinesisches Meer
Luzon
PHILIPPINEN
Aden
SRI LANKA
MALEDIVEN
Mindanao
MALAYSIA
BRUNEI
PALAU
Äquator
Sumatra
SINGAPUR
Borneo
INDONESIEN
INDISCHER OZEAN
PAPUA-

Der Drache wird in Asien als Gottheit verehrt. Er symbolisiert Stärke und Weisheit und bringt den Menschen Glück und Gesundheit.

Die Rikscha gilt als Taxi Asiens. Viele Millionen dieser umweltfreundlichen Verkehrsmittel sind auf den asiatischen Straßen unterwegs.

Der Kampfsport hat in Asien eine lange Tradition. Judo oder Karate bieten die Möglichkeit, sich waffenlos – also nur mit Händen und Füßen – zu verteidigen.

Reis gehört zu unseren Grundnahrungsmitteln. Fast 90 Prozent der weltweiten Reisernte wird in Asien, vor allem in China und Indien, angebaut.

Handgearbeitete Teppiche aus dem Orient sind weltberühmt. Auf vielen der gewebten oder geknüpften Teppiche findet man herrliche bunte und kunstvolle Muster.

Die Moschee ist das Gotteshaus der Muslime. Hier versammeln sich die Männer zum Gebet, lesen im Koran oder besprechen wichtige Angelegenheiten.

Die Chinesische Mauer ist eine Befestigungsanlage an der Nord- und Nordwestgrenze Chinas. Mit über 6000 Kilometern Länge ist sie das längste Bauwerk der Welt. Ursprünglich sollte die Chinesische Mauer mongolischen Volksstämmen den Zugang nach China versperren.

Nicht nur in Vietnam, auch in vielen anderen asiatischen Ländern ist die Landwirtschaft der wichtigste Wirtschaftszweig. In Vietnam werden unter anderem Reis, Kaffee, Cashewnüsse, Obst und Gemüse sowie zahlreiche Kräuter angebaut, die dann auf Märkten angeboten werden.

Weißt du's?

1. In welchem Gebirgszug liegt der Mount Everest?
2. Im nördlichen Teil Asiens, in Sibirien, liegt der älteste und tiefste Süßwassersee der Welt. Wie heißt er?
3. Welches Land liegt zwischen Europa und Asien und ist von drei Seiten von Meer umgeben?
4. Seit 1997 ist Hongkong eine Sonderverwaltungsregion von China. Weißt du, wozu Hongkong vorher gehörte?
5. Das »schwarze Gold« hat die Länder am Persischen Golf reich gemacht. Um welchen Bodenschatz handelt es sich?
6. Wie heißt die berühmte Eisenbahn, mit der man von Moskau bis nach Wladiwostok reisen kann?

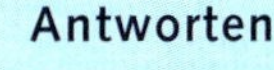

Antworten:

1. Himalaya · 2. Baikalsee · 3. Türkei · 4. Hongkong ist eine ehemalige britische Kolonie · 5. Erdöl · 6. Transsibirische Eisenbahn

Asien

Fläche: rund 45,3 Millionen km² (ohne den europäischen Teil Russlands)
Einwohnerzahl: rund 4 Milliarden (ohne den europäischen Teil Russlands)

Asien gliedert sich in 48 Staaten:
Afghanistan, Armenien, Aserbaidschan, Bahrain, Bangladesch, Bhutan, Brunei, China, Georgien, Indien, Indonesien, Irak, Iran, Israel, Japan, Jemen, Jordanien

Rekorde

Kleinstes Land:	Malediven, rund 300 km²
Größtes Land:	Russland, rund 17 Millionen km², etwa ein Viertel des Landes liegt in Europa, drei Viertel in Asien
Bevölkerungsreichstes Land:	China mit rund 1,3 Milliarden Einwohnern

Kulturen der Erde. Als Hochkultur bezeichnet man eine Gesellschaft, die besonders fortschrittlich ist. Eine solche Hochkultur war zum Beispiel das Reich der Sumerer.

Hochkulturen in Asien

Die Sumerer lebten in Mesopotamien, einem fruchtbaren Gebiet zwischen Euphrat und Tigris. Die Sumerer entwickelten das erste Schriftsystem der Welt: die Keilschrift! Dazu drückten sie mit einem schräg abgeschnittenen Schilfrohr keilförmige Zeichen in feuchten Lehm ein. Die Sumerer betrieben regen Handel mit anderen Kulturen, zum Beispiel mit den Menschen der Indus-Kultur. Sie lebten entlang des Indus im heutigen Pakistan. Die Indus-Leute waren geschickte Handwerker. Sie stellten Gefäße und Statuen aus Ton her und fertigten kunstvollen Schmuck aus Gold. Die älteste Kultur der Welt haben jedoch die Chinesen. Die chinesische Kultur besteht seit mehreren Jahrtausenden!

Karawanen auf der Seidenstraße

China war jahrhundertelang durch hohe Gebirge, riesige Wälder und ausgedehnte Wüsten vom Rest der Welt abgeschnitten. Das änderte sich, als die Chinesen diese Grenzen überschritten. Erste Handelsleute kamen in das »Reich der Mitte« und es entwickelte sich ein Netz an Handelswegen. Eine der wichtigsten Handelsrouten war die Seidenstraße. Sie durchquerte ganz Asien. Kamelkarawanen, schwer beladen mit Seide und Porzellan, kämpften sich durch Sandstürme in der Wüste Gobi, überquerten hohe Gebirge und kamen bis in den Mittleren Westen und sogar bis nach Europa. So wurde die Seidenstraße ein wichtiger Transportweg für den Austausch von Gütern und Ideen zwischen Europa und Asien.

Marco Polo

Hast du schon einmal von Marco Polo gehört? Er ist einer der berühmtesten Entdecker aller Zeiten. Als einer der ersten Europäer bereiste er ganz Asien. Über 24 Jahre lang dauerte seine Reise, die ihn durch die Gebirge Afghanistans und die kalte Wüste Gobi bis nach China führte. Dort ernannte ihn der Kaiser sogar zum höfischen Beamten. Marco Polos Reiseberichte von fremden Völkern und Städten im fernen Asien regten jahrhundertelang die Fantasie von Dichtern und Entdeckern an.

Marco Polo ritt auf Kamelen quer durch Asien. Zurück nach Europa reiste er mit dem Schiff.

tan, Turkmenistan und Tadschikistan. Auch wenn Russland aus kulturellen und politischen Gründen häufig zu Europa gerechnet wird, so befindet sich doch der größte Teil des Landes geografisch in Asien. Russland ist mit etwa 17 Millionen km^2 das größte Land der Erde. Das riesige Gebiet ist landschaftlich sehr abwechslungsreich mit vielen verschiedenen Boden- und Vegetationszonen. Aufgrund der großen räumlichen Ausdehnung ist auch das Klima sehr unterschiedlich. Am meisten verbreitet ist das kontinentale Klima mit kurzen, trockenen Sommern und langen, kalten Wintern. Das riesige Gebiet, das den größten Teil von Nordasien umfasst, nennt man Sibirien. Dort müssen die Menschen im Winter Temperaturen von bis zu 70 Grad unter Null ertragen. Bei dieser Kälte gefriert die Milch sofort, wenn sie aus der Kuh kommt. In den sibirischen Böden sind auch die größten Schätze Russlands verborgen, vor allem Kohle, Eisen und Erdöl. Südöstlich von Russland schließen sich Kasachstan, Kirgisistan, Usbekistan, Turkmenistan und Tadschikistan an. Kasachstan ist flächenmäßig das größte dieser fünf Länder. Es umfasst die weiten Steppen Südsibiriens, die nach Süden in Halbwüste und Wüste übergehen. Auch in Usbekistan und Turkmenistan wird die Landschaft von Wüsten und Steppen geprägt. Dagegen werden Kirgisistan und Tadschikistan überwiegend von schwer zugänglichem, schroffem Hochgebirge eingenommen.

Tatjana aus Moskau (9 Jahre)

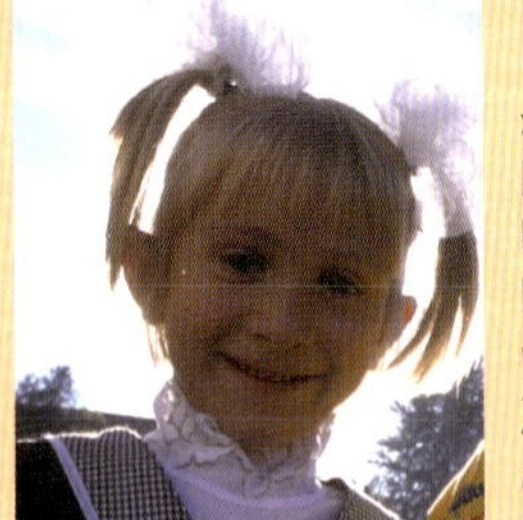

»Привет (priwjet)! Ich heiße Tatjana und bin 9 Jahre alt. Mit meinen Eltern lebe ich in Moskau. Wir wohnen im 12. Stock eines Hochhauses. Und leider ist der Fahrstuhl viel zu oft kaputt! Im Haus gegenüber wohnt Katja, meine beste Freundin. Da wir in die gleiche Schule gehen, können wir morgens zusammen mit der U-Bahn fahren. Die ist immer sehr voll. Im Zug stehen wir meistens ganz eingequetscht. Gut dass wir Schuluniformen anhaben – da können wir uns in dem Gedränge leichter wiederfinden! Mittags essen bei uns alle Schülerinnen und Schüler zusammen mit den Lehrern in der Mensa. Am liebsten mag ich Blinys, das sind kleine Pfannkuchen. Oft sind sie mit saurer Sahne oder mit Fisch gefüllt. Nach der Schule treffe ich mich mit Katja dann im Hof zwischen unseren Häusern. Dort steht ein Klettergerüst und eine Schaukel. Auf den Bänken drumherum sitzen immer viele Menschen und spielen Schach oder Karten. Und wenn ich wieder hochkommen soll, dann lehnt sich meine Mutter einfach aus dem Fenster und ruft mich: Taaatjaanaaa!«

Der Aralsee war früher der viertgrößte See
Welt. Heute ist er jedoch vom Austrockner
da große Mengen Wasser zur Bewässerung
Felder aus ihm abgeleitet werden.

NORDASIEN

NORDPOLARMEER
Laptewsee
Neusibirische Inseln
Ostsibirische See
Wrangelinsel
Anadyrgebirge
Beringstraße
Indigirka
Kolyma
Nördlicher Polarkreis
Jana
Lena
Werchojansker Gebirge
Tscherskigebirge
Olenjok
Sibirien
Beringmeer
Jakutsk
Kolymagebirge
Mirnystausee
Lena
PAZIFISCHER OZEAN
Angara
Lena
Ochotskisches Meer
Kamtschatka
Krasnojarsk
Bratsker Stausee
Baikalsee
Jablonowijgebirge
Amur
Sachalin
Irkutsk
CHINA
Chabarowsk
Amur
Kurilen
MONGOLEI
Ussuri
Wladiwostok
JAPAN

N O S W

km 0 500 1000
Meilen 0 500 1000

Die Jakuten im Osten Sibiriens haben sich an das harte Leben in der Kälte gewöhnt.

Die sibirische Taiga besteht zu großen Teilen aus Nadelwald. Hier wachsen vor allem Fichten, Kiefern, Tannen und Lärchen.

Früher lebten die Turkmenen als Nomaden. Sie bewohnten kreisrunde Jurten, die schnell auf- und abzubauen waren.

Russland

Hauptstadt: Moskau
Fläche (ca.): 17 Mio. km²
Einwohner in Mio.: rund 140,4
Sprache: Russisch

Kasachstan

Hauptstadt: Astana
Fläche (ca.): 2,7 Mio. km²
Einwohner in Mio.: rund 15,8
Sprache: Kasachisch

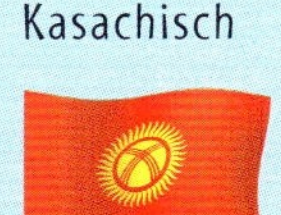

Kirgisistan

Hauptstadt: Bischkek
Fläche (ca.): 200 000 km²
Einwohner in Mio.: rund 5,5
Sprachen: Kirgisisch, Russ.

Usbekistan

Hauptstadt: Taschkent
Fläche (ca.): 447 000 km²
Einwohner in Mio.: rund 27,8
Sprache: Usbekisch

Turkmenistan

Hauptstadt: Aschchabad
Fläche (ca.): 488 000 km²
Einwohner in Mio.: rund 5,2
Sprache: Turkmenisch

Tadschikistan

Hauptstadt: Duschanbe
Fläche (ca.): 143 000 km²
Einwohner in Mio.: rund 7,1
Sprache: Tadschikisch

Die Karakum-Wüste

Turkmenistan ist zu drei Vierteln von der Karakum-Wüste bedeckt. Diese riesige Sand- und Salzwüste ist fast so groß wie ganz Deutschland und macht das Landesinnere Turkmenistans so gut wie unbrauchbar. Im südlichen Teil der Wüste erreichen die Temperaturen fast 50 Grad Celsius, der Wüstensand kann an manchen Stellen sogar bis zu 80 Grad heiß werden. Die Karakum ist sehr trocken, sie wird nur am Rand von den Flüssen Amudarja, Murgab und Tedschen durchflossen. Die Wüstenbewohner haben gelernt, sich den harten klimatischen Bedingungen anzupassen. In den wenigen landwirtschaftlich nutzbaren Gebieten pflanzen sie Fruchtbäume wie zum Beispiel Feigen oder Dattelpalmen. Auf halbwegs bewachsenen Steppen lassen sie ihre Karakul-Schafe grasen. Die Karakum-Wüste ist reich an Bodenschätzen. Neben Erdöl und Erdgas wird der Wüste vor allem Salz abgewonnen.

Vorder- und Mittelasien

Vorder- und Mittelasien sind größtenteils von Wüstensand bedeckt. Vor allem das Landesinnere der Arabischen Halbinsel ist sehr trocken. In diesem Gebiet liegen die größten Sandwüsten der Erde, zum Beispiel die Nefud-Wüste. Dennoch sind diese Länder dank ihrer Erdöl- und Erdgasvorkommen sehr reich. Auf der Arabischen Halbinsel findest du **Saudi-Arabien, Jemen, Oman, Kuwait,** die **Vereinigten Arabischen Emirate, Katar** und **Bahrain.** Die Länder **Georgien, Armenien** und **Aserbaidschan** nennt man auch Kaukasus-Republiken, da sie das Gebirge des Großen und des Kleinen Kaukasus umfassen. An die Republiken Georgien und Armenien grenzt die **Türkei.** Die türkische Stadt Istanbul befindet sich als einzige Stadt der Welt auf zwei Kontinenten. Denn die Türkei gehört zu zwei Erdteilen: Der kleinere Teil gehört zu Europa, der größere zu Asien. Der Bosporus bei Istanbul ist die Trennlinie. **Syrien, Libanon, Israel** und **Jordanien** sind Länder des Nahen Ostens, der zwischen Europa, Afrika und Asien liegt. Während Syrien, Libanon und Israel an das Mittelmeer grenzen, hat das Königreich Jordanien – mit Ausnahme von einem kurzen Küstenstreifen am Golf von Aqaba – keinen Zugang zum Meer. Die Länder **Iran, Irak** und **Afghanistan** bestehen zum größten Teil aus Wüste und zerklüfteten Gebirgen. Irans Küste am Kaspischen Meer und die Flusstäler des Tigris und des Euphrat im Irak sind aber fruchtbar. Afghanistan ist ein armes, bergiges Binnenland, das im Westen an den Iran und im Südosten an **Pakistan** grenzt. Pakistan ist ebenfalls sehr gebirgig. Das Land hat im Norden Anteil an den Hochgebirgen Hindukusch und Karakorum. Der K2 im Karakorum ist nach dem Mount Everest der zweithöchste Berg der Erde. So unterschiedlich wie die Landschaften in Vorder- und Mittelasien sind, so unterschiedlich ist dort auch das Klima. Während die Temperaturen auf der Arabischen Halbinsel auch im Winter selten unter 20 Grad Celsius fallen, gibt es in den Gebirgen Mittelasiens kalte Winter mit Frost und Schnee.

Ist das Tote Meer tot?

Zwischen Jordanien und Israel liegt das Tote Meer. Das Tote Meer wird deshalb als »tot« bezeichnet, weil in seinem Wasser bis auf wenige Algen und Bakterien kaum Leben existiert. Denn das Wasser des Toten Meeres ist zehnmal salziger als anderes Meerwasser. Die Mineralien und Salze des Toten Meeres haben eine besondere Heilkraft. Salz erhöht die Dichte des Wassers. Darum ist der Auftrieb im Toten Meer sehr stark und man kann dort beim Baden praktisch nicht untergehen. Im Toten Meer ist es wirklich kinderleicht, sich als »Toter Mann« auf der Wasseroberfläche treiben zu lassen! Mit fast 400 Metern unter dem Meeresspiegel ist das Tote Meer übrigens der tiefste Punkt der Erde.

In vielen arabischen Ländern tragen Frauen und Mädchen einen Schleier. Durch den Schleier sollen sie vor Blicken von Fremden geschützt werden, die sie entehren könnten.

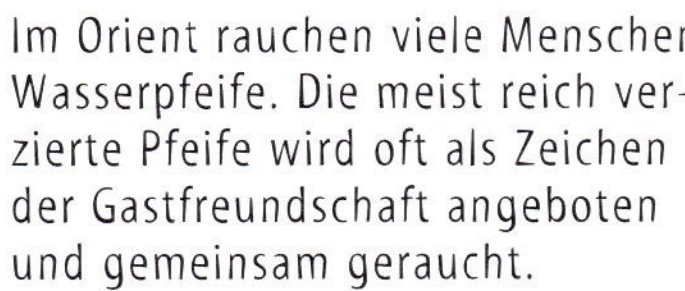

Im Orient rauchen viele Menschen Wasserpfeife. Die meist reich verzierte Pfeife wird oft als Zeichen der Gastfreundschaft angeboten und gemeinsam geraucht.

Tausende Juden treffen sich jedes Jahr an der Klagemauer in Jerusalem zum Gebet. In die ...tzen zwischen den einzelnen Steinen der Mauer stecken viele Gläubige kleine Zettel. Auf ihnen haben sie ihre Wünsche und Bitten geschrieben.

Ahmet aus Ankara (12 Jahre)

»Salam! Mein Name ist Ahmet. Ich bin 12 Jahre alt und möchte euch ein bisschen von meiner Religion erzählen. Ich bin Muslim. Unsere wichtigste Schrift ist der Koran. Ich bete fünfmal am Tag zu Allah. Allah ist der einzige Gott, den wir Muslime verehren. Meistens bete ich zu Hause. Aber freitags bete ich zwischen den anderen Männern und Jungs in der Moschee. Dann hält nämlich der Imam, der Vorbeter, eine Predigt. Weißt du, was eine Moschee ist? So heißen im Islam die Gotteshäuser. Es gibt ganz einfache Moscheen, die nur einen Raum zum Beten haben, und große Moscheen mit wunderschönen Kuppeln und Türmen. Der Turm, von dem aus der Muezzin zum Gebet ruft, heiß Minarett. Der Muezzin erinnert uns fünfmal täglich an die Zeit für das Gebet. Und da Ankara ja eine große Stadt ist, macht er das mit einem Lautsprecher, damit ihn jeder Muslim auch hören kann.«

Türkei
Hauptstadt: Ankara
Fläche (ca.): 783 600 km²
Einwohner in Mio.: rund 75,7
Sprache: Türkisch

Georgien
Hauptstadt: Tiflis
Fläche (ca.): 69 700 km²
Einwohner in Mio.: rund 4,2
Sprache: Georgisch

Armenien
Hauptstadt: Jerewan
Fläche (ca.): 29 700 km²
Einwohner in Mio.: rund 3,1
Sprache: Armenisch

Aserbaidschan
Hauptstadt: Baku
Fläche (ca.): 86 600 km²
Einwohner in Mio.: rund 8,9
Sprache: Aserbaidschan.

Syrien
Hauptstadt: Damaskus
Fläche (ca.): 185 000 km²
Einwohner in Mio.: rund 22,5
Sprache: Arabisch

Libanon
Hauptstadt: Beirut
Fläche (ca.): 10 500 km²
Einwohner in Mio.: rund 4,3
Sprache: Arabisch

Jordanien
Hauptstadt: Amman
Fläche (ca.): 89 300 km²
Einwohner in Mio.: rund 6,5
Sprache: Arabisch

Israel
Hauptstadt: Jerusalem
Fläche (ca.): 22 100 km²
Einwohner in Mio.: rund 7,3
Sprachen: Hebräisch, Arab.

Irak
Hauptstadt: Bagdad
Fläche (ca.): 438 000 km²
Einwohner in Mio.: rund 31,5
Sprachen: Arabisch, Kurd.

Kuwait

Hauptstadt: Kuwait
Fläche (ca.): 17 800 km²
Einwohner in Mio.: rund 3
Sprache: Arabisch

Saudi-Arabien
Hauptstadt: Riad
Fläche (ca.): 2,2 Mio. km²
Einwohner in Mio.: rund 26,2
Sprache: Arabisch

Jemen
Hauptstadt: Sanaa
Fläche (ca.): 528 000 km²
Einwohner in Mio.: rund 24,3
Sprache: Arabisch

Oman

Hauptstadt: Maskat
Fläche (ca.): 309 500 km²
Einwohner in Mio.: rund 2,9
Sprache: Arabisch

Vereinigte Arabische Emirate
Hauptstadt: Abu Dhabi
Fläche (ca.): 83 600 km²
Einwohner in Mio.: rund 4,7
Sprache: Arabisch

Bahrain

Hauptstadt: Manama
Fläche (ca.): 750 km²
Einwohner: rund 807 000
Sprache: Arabisch

Katar

Hauptstadt: Doha
Fläche (ca.): 11 600 km²
Einwohner in Mio.: rund 1,5
Sprache: Arabisch

Iran

Hauptstadt: Teheran
Fläche (ca.): 1,6 Mio. km²
Einwohner in Mio.: rund 75
Sprache: Persisch

Afghanistan

Hauptstadt: Kabul
Fläche (ca.): 652 000 km²
Einwohner in Mio.: rund 29,1
Sprachen: Paschtu, Dari

Pakistan

Hauptstadt: Islamabad
Fläche (ca.): 796 000 km²
Einwohner in Mio.: rund 185
Sprache: Urdu

In Süd- und Ostasien

leben viele Menschen. Allein in **China,** dem bevölkerungsreichsten Land der Erde, lebt rund ein Fünftel der Weltbevölkerung! Ein Großteil der Menschen wohnt im Südosten des Landes, die meisten auf dem Land. So ein Riesenreich weist natürlich ganz unterschiedliche Landschaften und Klimazonen auf: Ebenen, Wüsten, Gebirge und Hügelland, tropisch warme sowie extrem kalte Gebiete. Im Gegensatz zu China leben in der **Mongolei** nur sehr wenige Menschen. Ein großer Teil der Mongolei besteht aus dünn besiedeltem Steppen- und Wüstenland. Im bergigen Nordwesten liegen Seen und Wälder. Hier befindet sich auch das Altai-Gebirge, das immer schneebedeckt ist. Überhaupt sind die Winter in der Mongolei sehr lang – in der winterkalten Wüste Gobi kann man oft noch im April Schnee finden und einige mongolische Seen sind bis zum Juni zugefroren.

Zu Ostasien gehören auch **Nordkorea** und **Südkorea** sowie die Pazifik-Insel **Taiwan,** die von China beansprucht wird. Nordkorea und Südkorea bilden zusammen eine Halbinsel zwischen dem Gelben und dem Japanischen Meer. Korea ist seit 1948 in zwei Staaten geteilt. Damals trennte sich Südkorea von Nordkorea. Das kommunistische Nordkorea hat sich von der Außenwelt fast komplett abgeschottet. Das Land ist sehr arm, viele Menschen arbeiten in der Landwirtschaft. Südkorea ist dagegen ein reiches Land. Die Landschaft Nord- und Südkoreas ist überaus gebirgig. In dem Riesenland **Indien** wohnt über eine Milliarde Menschen, das ist etwa ein Sechstel der Weltbevölkerung! Indien liegt im Indischen Ozean und ragt im Norden in das Himalaya-Gebirge hinein. Im Osten umschließt Indien fast vollständig **Bangladesch.** Weitere Nachbarn sind China, **Nepal, Bhutan, Myanmar** sowie der Inselstaat **Sri Lanka** an der Südspitze und das Urlaubsparadies der **Malediven** im Südwesten. Indien hat viele moderne Großstädte, doch die meisten Menschen leben in ländlichen Gebieten, wo sie Reis, Hirse, Weizen und Zuckerrohr anbauen.

Indien verfügt auch über viele Bodenschätze, zum Beispiel Kohle, Erdöl, Eisen und Mangan. Dennoch sind viele Menschen in Indien sehr arm.

Japan ist eine Inselgruppe im Pazifik. Es gibt vier große Inseln (Hokkaido, Honshu, Shikoku und Kyushu) sowie Hunderte von kleineren Inseln. Der größte Teil der Inseln ist bergig bis hügelig und bewaldet. Es gibt viele aktive, gefährliche Vulkane. Da sich Japan über viele Breitengrade erstreckt, bietet es sehr unterschiedliche Klimazonen, angefangen von den kalten Wintern auf Hokkaido im Norden bis hin zu den beinahe tropischen Verhältnissen auf Okinawa in Südjapan.

Yu Li aus China (9 Jahre)

»你好 (nǐ hǎo)! Mein Name ist Yu Li und ich bin neun Jahre alt. Mit meiner Familie wohne ich in Ningxia. Das ist ein kleines Dorf im Nordwesten Chinas. Auf unseren Straßen und Wegen laufen überall Hühner herum. Wie fast alle Menschen hier arbeiten meine Eltern auf dem Feld. In Ningxia gibt es ziemlich viele Weizen- und Maisfelder. Bei der Ernte muss ich immer mithelfen. Ansonsten gehe ich aber regelmäßig zur Schule. Nicht alle Kinder in unserem Dorf können das. Viele Eltern können das Schulgeld nicht bezahlen. Wenn ich nicht zu Hause mithelfe, übe ich fleißig die chinesischen Schriftzeichen. Davon gibt es nämlich über 50 000. Doch die kann nicht mal unser Lehrer. Aber am liebsten spiele ich mit meinen Freundinnen Mah Jong. Das ist ein altes chinesisches Spiel aus 144 kleinen Ziegeln und Stäbchen.«

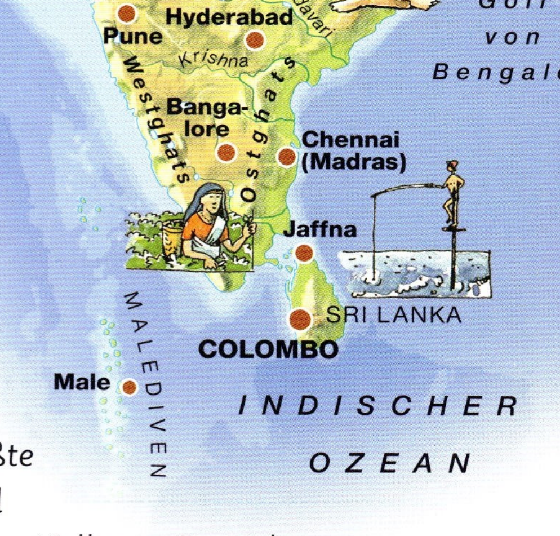

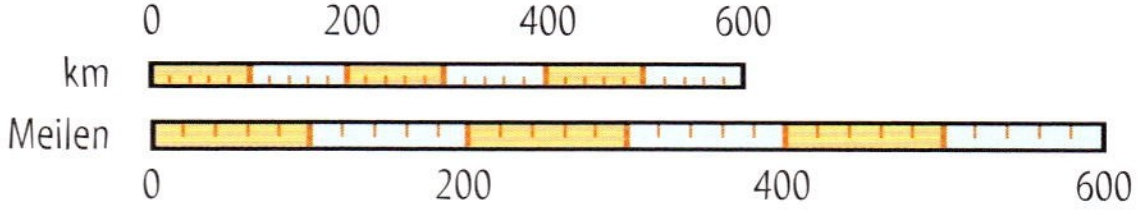

Maledive

Hauptstadt:
Fläche (ca.):
Einwohner:
Sprache:

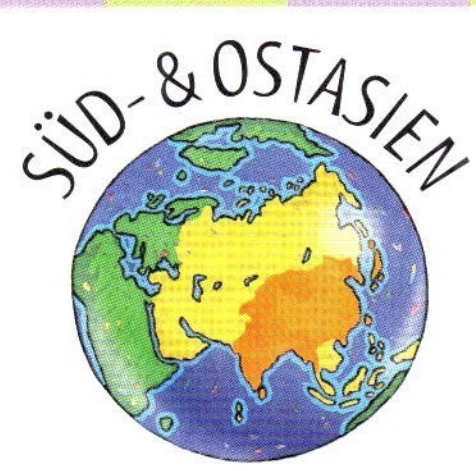

Der Große Pandabär ist vom Aussterben bedroht. Die wenigen Tiere, die in den Gebirgen von China leben, sind daher streng geschützt.

N W O S

Darchan Tschojbalsan ULAN-BATOR GOLEI Gobi Innere Mongolei Amur Mandschurei Harbin Changchun Shenyang Kurilen (Russland) Sapporo Hokkaido Japanisches Meer/Ostmeer PEKING Tianjin Dalian Bo Hai NORDKOREA PJÖNGJANG Nampo Incheon SEOUL Shijiazhuang Huang He Qingdao Jinan SÜD-KOREA Daegu Busan Gelbes Meer Koreastraße Nagoya Kyoto Kobe Fudschijama TOKYO Yokohama Osaka Hiroshima Honshu JAPAN Shikoku Kyushu Jeju Lanzhou Xi'an CHINA Nanjing Wuhan Shanghai Chengdu Rotes Becken Chongqing Chang Jiang Ningbo Ostchinesisches Meer PAZIFISCHER OZEAN Changsha Fuzhou Formosastraße TAIPEH TAIWAN Kunming Sikiang Kanton Mekong Hongkong VIETNAM Golf von Tongking Hainan Südchinesisches Meer Mandalay LAOS THAILAND PYIDAW

Die Geisha ist eine hoch angesehene japanische Künstlerin. Bei besonderen Anlässen führt sie traditionelle japanische Tänze vor.

Der Potala-Palast in Lhasa war früher der Sitz des Dalai Lama. Der Dalai Lama ist das geistliche Oberhaupt der Tibeter.

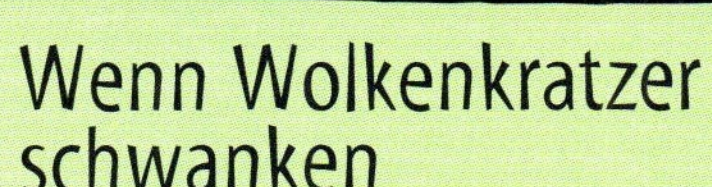

Wenn Wolkenkratzer schwanken

Die Erdkruste hat dickere und dünnere Stellen und Risse. Manchmal schiebt sich ein Teil der Kruste unter oder über einen anderen Krustenteil. Dann fängt die Kruste an zu zittern: Es gibt ein Erdbeben. Japan ist eine besonders erdbebengefährdete Region. Trotzdem gibt es in Großstädten wie Tokyo sehr viele Hochhäuser. Eine hohe Bevölkerungsdichte und Platzmangel zwingen die Menschen, in die Höhe zu bauen. Die Hochhäuser sind aber zum größten Teil erdbebensicher gebaut. Es wurden zum Beispiel schwingungsfähige Materialien verwendet. Die Wolkenkratzer reagieren darum bei Erschütterungen flexibler als andere starre Bauwerke. Bei einem Erdbeben fangen sie an zu schwanken. Auf diese Weise können sie jedem Beben standhalten.

Mongolei

Hauptstadt:	Ulan-Bator
Fläche (ca.):	1,6 Mio. km²
Einwohner in Mio.:	rund 2,7
Sprache:	Mongolisch

Nordkorea

Hauptstadt:	Pjöngjang
Fläche (ca.):	120 500 km²
Einwohner in Mio.:	rund 24
Sprache:	Koreanisch

Indien

Hauptstadt:	Neu-Delhi
Fläche (ca.):	3,3 Mio. km²
Einwohner:	rund 1,2 Milliarden
Sprachen:	Hindi, Engl. u.a.

Nepal

Hauptstadt:	Kathmandu
Fläche (ca.):	147 200 km²
Einwohner in Mio.:	rund 29,9
Sprache:	Nepali

China

Hauptstadt:	Peking
Fläche (ca.):	9,6 Mio. km²
Einwohner:	rund 1,3 Milliarden
Sprache:	Chinesisch

Südkorea

Hauptstadt:	Seoul
Fläche (ca.):	99 700 km²
Einwohner in Mio.:	rund 48,5
Sprache:	Koreanisch

Sri Lanka

Hauptstadt:	Colombo
Fläche (ca.):	65 600 km²
Einwohner in Mio.:	rund 20,4
Sprachen:	Singhal., Tamil

Bhutan

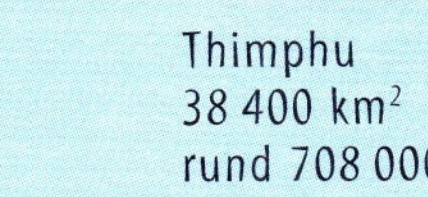

Hauptstadt:	Thimphu
Fläche (ca.):	38 400 km²
Einwohner:	rund 708 000
Sprache:	Dzongkha

14 000

Taiwan

Hauptstadt:	Taipeh
Fläche (ca.):	36 000 km²
Einwohner in Mio.:	rund 23
Sprache:	Chinesisch

Japan

Hauptstadt:	Tokyo
Fläche (ca.):	378 000 km²
Einwohner in Mio.:	rund 127
Sprache:	Japanisch

Bangladesch

Hauptstadt:	Dhaka
Fläche (ca.):	144 000 km²
Einwohner in Mio.:	rund 164,4
Sprache:	Bengali

Myanmar

Hauptstadt:	Naypyidaw
Fläche (ca.):	676 600 km²
Einwohner in Mio.:	rund 50,5
Sprache:	Birmanisch

Südostasien

umfasst die Halbinsel Hinterindien und den indonesischen Archipel (auch malaiischer Archipel genannt). Der größte Teil Südostasiens zeichnet sich durch tropisch-immerfeuchtes Klima aus. Die Landschaften sind abwechslungsreich: Es gibt dort zahlreiche Gebirgsketten, tropische Regen- und Bergwälder, fruchtbare Flusstäler und breite Ebenen, in denen zum Beispiel Reis angebaut wird. Tausende größerer und kleinerer Inseln liegen verstreut über ganz Südostasien. Die größte Inselgruppe nicht nur Südostasiens, sondern der ganzen Welt ist **Indonesien.** Zu Indonesien gehören mehr als 18 000 Inseln. Ein großer Teil dieser Inseln ist aber nicht bewohnt. Die größeren Inseln heißen Sumatra, Java, Borneo, Celebes und Neuguinea. Dort gibt es Vulkanlandschaften, Regenwälder und in höheren Lagen Wälder, die fast den ganzen Tag in Wolken gehüllt sind. In diesen Nebelwäldern ist es so feucht wie in einer Waschküche! Der Inselstaat **Singapur** besteht aus der Hauptinsel Singapur und ungefähr fünfzig weiteren kleineren Inseln. Auf der Hauptinsel leben die meisten Einwohner.

Südostasien hat viele Gesichter. Während Singapur, **Thailand** und **Malaysia** eine moderne Industrie haben, müssen sich **Vietnam, Kambodscha** und **Laos** noch immer von schrecklichen Kriegen erholen. Erst langsam finden diese Länder zu einem normalen Leben zurück. Vietnam, Kambodscha und Laos bilden die östliche Hälfte des südostasiatischen Festlands. Lange Zeit wurde dieses Gebiet auch Indochina genannt. Durch diese drei Länder zieht sich der Fluss Mekong. Wegen seiner Vielzahl von Armen und Nebenarmen wird er auch der »Fluss der neun Drachen« genannt.

Brunei zählt heute zu den reichsten Ländern der Welt. Das »schwarze Gold«, das Erdöl, machte Brunei so reich. Auf den **Philippinen** leben viele Menschen dagegen in großer Armut. Vor allem das schnelle Bevölkerungswachstum und häufige Naturkatastrophen haben die Wirtschaft des Landes zerstört und zu großer Arbeitslosigkeit geführt.

Das wohl bekannteste Land in Südostasien ist Thailand. Mehrere Millionen Touristen verbringen hier jährlich ihren Urlaub zwischen paradiesischen Palmenstränden und zahlreichen Tempelanlagen.

Ekit aus Bohol (12 Jahre)

»Mabuhay! Mein Name ist Ekit, ich bin 12 Jahre alt. Ich lebe auf der philippinischen Insel Bohol. Mit meinen Eltern und meinen fünf Geschwistern wohne ich in einem Haus auf Pfählen. So können wir uns und unser Haus vor Überschwemmungen schützen. Während des Monsuns kommt es nämlich immer zu heftigen Regenfällen. Unser Haus ist aus Pappe, Holz und Blech gebaut. Mein Vater hat das gemacht. Eigentlich ist er Fischer. Oft stehe ich ganz früh auf und helfe ihm. Meine Mutter ist Straßenhändlerin. Sie hat einen Stand, an dem sie Obst, Kaugummi, Cola und Zigaretten an Touristen verkauft. Die kommen nach Bohol, um zu tauchen oder um die Tarsier zu sehen. Das sind die kleinsten Affen der Welt! Weil sich meine Mutter ja auch noch um meine kleineren Geschwister kümmern muss, löse ich sie häufig ab. Es gibt immer so viel zu tun – in die Schule gehe ich seit einiger Zeit eigentlich gar nicht mehr.«

In Indonesien wächst die riesige Rafflesia. Mit bis zu 1,50 Meter Durchmesser hat sie die größte Blüte der Welt!

Südostasien

Die meisten Menschen in Thailand, Vietnam, Laos, Kambodscha und vielen anderen südostasiatischen Ländern bekennen sich zum Buddhismus. Sie glauben an die Wiedergeburt, also dass ein Mensch nach seinem Tod in ein weiteres, neues Leben hineingeboren wird.

Singapur ist wegen seiner vorteilhaften Lage an der engen Stelle zwischen dem Indischen Ozean und dem Südchinesischen Meer ein bedeutendes Handelszentrum. Singapur hat den zweitgrößten Hafen der Welt.

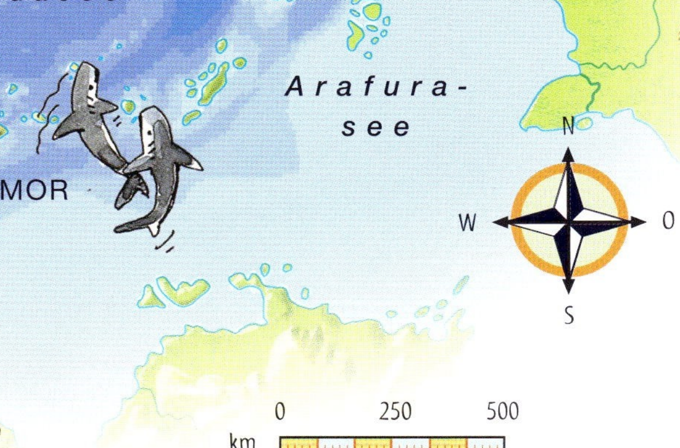

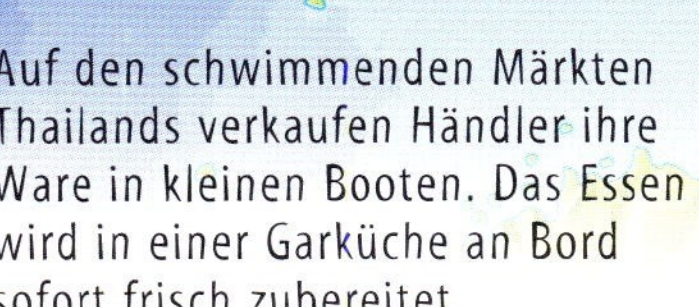

Auf den schwimmenden Märkten Thailands verkaufen Händler ihre Ware in kleinen Booten. Das Essen wird in einer Garküche an Bord sofort frisch zubereitet

Thailand

Hauptstadt:	Bangkok
Fläche (ca.):	513 000 km²
Einwohner in Mio.:	rund 68,1
Sprache:	Thai

Vietnam

Hauptstadt:	Hanoi
Fläche (ca.):	331 200 km²
Einwohner in Mio.:	rund 89
Sprache:	Vietnamesisch

Laos

Hauptstadt:	Vientiane
Fläche (ca.):	236 800 km²
Einwohner in Mio.:	rund 6,4
Sprache:	Lao

Kambodscha

Hauptstadt:	Phnom Penh
Fläche (ca.):	181 000 km²
Einwohner in Mio.:	rund 15
Sprache:	Khmer

Philippinen

Hauptstadt:	Manila
Fläche (ca.):	300 000 km²
Einwohner in Mio.:	rund 93,6
Sprache:	Filipino

Malaysia

Hauptstadt:	Kuala Lumpur
Fläche (ca.):	330 800 km²
Einwohner in Mio.:	rund 27,9
Sprache:	Malaiisch

Brunei

Hauptstadt:	Bandar Seri Begawan
Fläche (ca.):	5765 km²
Einwohner:	rund 407 000
Sprache:	Malaiisch

Indonesien

Hauptstadt:	Jakarta
Fläche (ca.):	1,9 Mio. km²
Einwohner in Mio.:	rund 232,5
Sprache:	Indonesisch

Osttimor

Hauptstadt:	Dili
Fläche (ca.):	14 900 km²
Einwohner in Mio.:	rund 1,2
Sprachen:	Tetum, Portugiesisch

Singapur

Hauptstadt:	Singapur
Fläche (ca.):	705 km²
Einwohner in Mio.:	rund 4,8
Sprachen:	Malaiisch, Chinesisch, Tamil, Englisch

Tsunamis – gefährliche Riesenwellen!

Die Länder Südostasiens leiden oft unter Vulkanausbrüchen und Erdbeben. Erdbeben, die mitten im Meer stattfinden, sind besonders gefährlich. Sie verursachen nämlich Wellen, die sich unter der Wasseroberfläche mit rasender Geschwindigkeit ausbreiten. Auf dem Meer nimmt man sie kaum wahr. Gelangen sie aber in Küstennähe, türmen sie sich zu riesigen Wasserbergen auf und fegen mit unvorstellbarer Wucht über das Landesinnere hinweg. Solch eine Welle nennt man auch Tsunami. Das ist japanisch und bedeutet so viel wie »große Welle im Hafen«. Der bisher folgenschwerste Tsunami brach im Dezember 2004 über den nordöstlichen Indischen Ozean herein und riss mehrere hunderttausend Menschen in den Tod.

Australien und Ozeanien

liegen auf der südlichen Erdhalbkugel und erstrecken sich über den ganzen Südpazifik (auch Südsee genannt). Die größte Landmasse ist der Kontinent Australien. Um Australien herum liegen die größeren Inseln Neuguinea, Tasmanien und Neuseeland. Im Südpazifik gibt es aber noch viele weitere kleine und kleinste Inseln. Diese Inselwelt nennt man Ozeanien.

Australien – Heimat der Aborigines

Australien ist zugleich der kleinste Erdteil und die größte Insel der Welt. Umgeben ist Australien vom Indischen und vom Pazifischen Ozean. Wenn die europäischen Kinder Weihnachten feiern, spielen die australischen Mädchen und Jungen übrigens draußen in der Sonne. Da Australien nämlich auf der anderen Seite der Erdhalbkugel liegt, sind die Jahreszeiten dort unseren entgegengesetzt. In Australien gibt es Wüsten und Gebirge, Savannen und Buschland sowie Regenwälder und Mangrovensümpfe. Die Ureinwohner von Australien sind die Aborigines. Die Aborigines leben seit Jahrtausenden im Einklang mit der Natur. Sie glauben, dass Menschen, Pflanzen, Steine und alle Tiere mit ihren Vorfahren verbunden sind. Leider geht es einem großen Teil der Aborigines heute nicht so gut. Viele von ihnen haben keine Schulbildung, sind arbeitslos oder alkoholabhängig.

Ozeanien – Inselwelt im Pazifik

Ozeanien besteht aus Tausenden von Inseln. Die Inselwelt erstreckt sich von den Philippinen nach Osten bis zur Osterinsel und von den Aleuten im Norden bis zum südlichen Polarkreis. Die größeren ozeanischen Inseln sind oft vulkanischen Ursprungs. Diese Vulkaninseln haben lange Sandstrände und hohe Berge. Andere Inseln bestehen aus Kalkablagerungen von Korallen. Atolle sind ringförmige Koralleninseln, die eine Lagune umschließen. Hier leben viele verschiedene Fischarten, zum Beispiel Clownfische oder Kugelfische. Die Vegetation auf den ozeanischen Inseln ist meist üppig und grün. In dem tropischheißen Klima wachsen vor allem Kokosnüsse, Süßkartoffeln und andere exotische Früchte.

Uluru, »schattiger Platz«, nennen die Aborigines den Ayers Rock im Zentrum von Australien. Der riesige, rot leuchtende Berg ist für die Ureinwohner Australiens ein heiliger Ort.

INDONESIEN

Uluru (Ayers Rock)

A U S T R

Große Victoriawüste

Große Australische Bucht

INDISCHER

Kinder in Australien und Ozeanien

Australien und Ozeanien sind ein richtiges Paradies für Kinder. Vor allem die Australier lieben es, im Wasser zu surfen, Delfine zu füttern oder einfach nur am Strand zu liegen. Die Mädchen und Jungen, die im Zentrum von Australien leben – die Australier nennen diesen Teil ihres Landes »Outback« (:autbäck) oder Busch – haben es besonders gut. Sie brauchen nämlich nicht in die Schule zu gehen. Sie bekommen Unterricht im Fernsehen, von ihren Eltern und über Funk. Im »Outback« gibt es nämlich weit und breit keine größeren Ortschaften, nur Schafe!
Die neuseeländischen Kinder müssen dagegen jeden Tag den Weg zur Schule auf sich nehmen. Und das 13 Jahre lang. In ihrer Freizeit treiben sie gerne Sport. Vor allem die Jungen spielen Kricket, Rugby oder Soccer. Viel lieber als zur Schule gehen die Kinder in Ozeanien natürlich Schwimmen oder Tauchen. In welchem Land der Welt würden das die Mädchen oder Jungen schließlich nicht lieber machen! Wenn die Jungen, die in Ozeanien leben, älter werden, müssen sie häufig Mutproben bestehen. Auf den Salomonen springen sie zum Beispiel von einem 20 Meter hohen wackligen Turm ins Wasser.

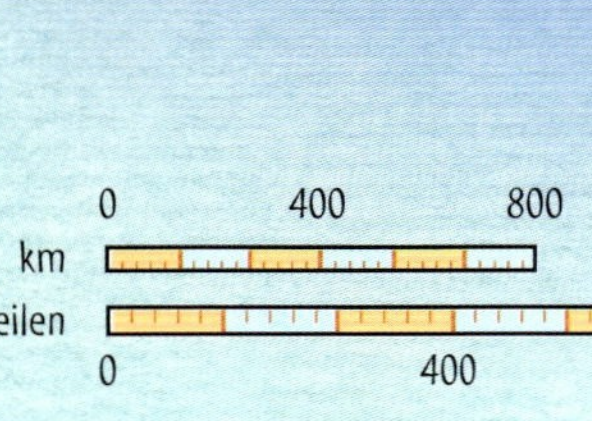

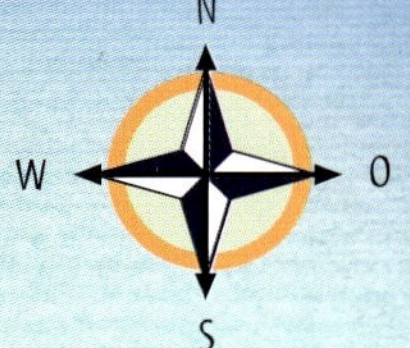

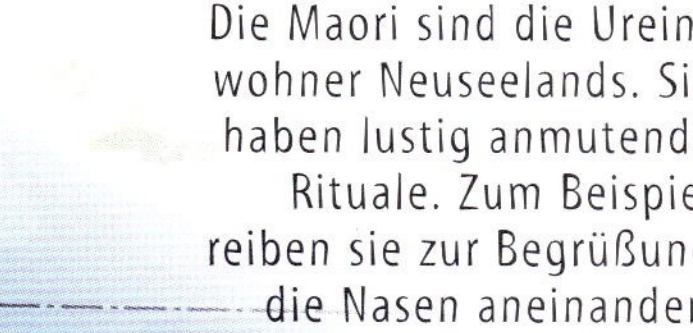

Die Maori sind die Ureinwohner Neuseelands. Sie haben lustig anmutende Rituale. Zum Beispiel reiben sie zur Begrüßung die Nasen aneinander.

Der Koala ist das Wappentier Australiens. Koalas triffst du vor allem auf den hohen Eukalyptusbäumen, von deren Blättern sie sich ernähren.

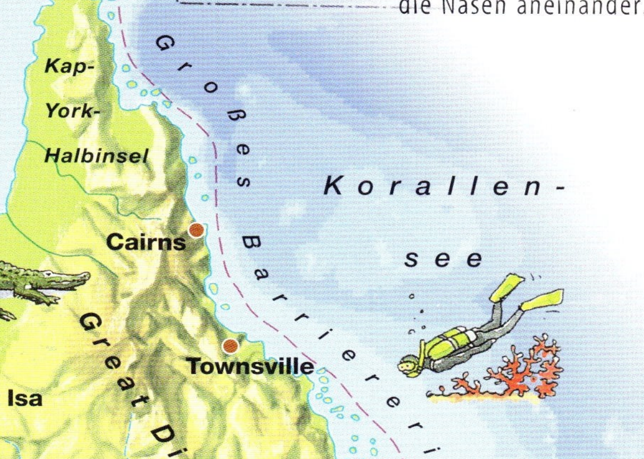

Das Große Barriereriff im Nordosten Australiens ist mit rund 2000 Kilometern Länge und 70 Kilometern Breite das größte lebende Korallenriff der Erde. Es ist so gewaltig, dass man es sogar vom Weltraum aus sehen kann.

Australien

Hauptstadt:	Canberra
Fläche (ca.):	7,7 Mio. km^2
Einwohner in Mio.:	rund 21,5
Sprache:	Englisch
Höchster Berg:	Mount Kosciusko (2228 m)
Längster Fluss:	Darling (2740 km)
Größter See:	Eyresee (9500 km^2)

Neuseeland

Hauptstadt:	Wellington
Fläche (ca.):	271 000 km^2
Einwohner in Mio.:	rund 4,3
Sprachen:	Englisch, Maori
Höchster Berg:	Mount Cook (3764 m)
Längster Fluss:	Waikato (425 km)
Größter See:	Taupo (606 km^2)

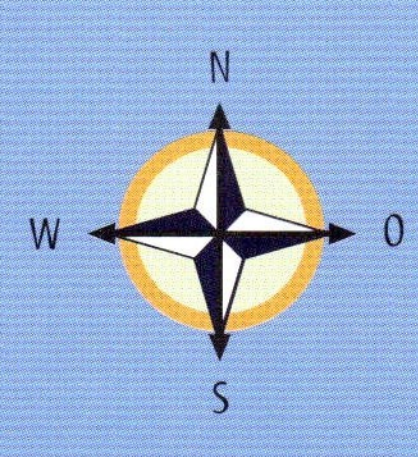

In Neuseeland gibt es ungefähr 32 Millionen Schafe. Sie werden vor allem wegen ihrer Wolle gezüchtet.

Bumerang

Der Bumerang ist ein sogenanntes Wurfholz. Die Ureinwohner Australiens verwendeten ihn früher zum Jagen von Hasen und Vögeln. Heute ist er vor allem ein Sportgerät. Durch die abgewinkelte Form und sein ganz besonderes Profil hat er eine merkwürdige Eigenschaft: Wenn er sein Ziel verfehlt und nirgendwo anstößt, kommt er in großem Bogen zum Werfer zurück. Richtig geworfen kann er eine Strecke von bis zu 200 Metern zurücklegen. Bei einem geübten Werfer sieht das Werfen und Fangen eines Bumerangs ganz einfach aus. Wenn du das auch so gut schaffen möchtest, dann musst du viel üben.

Die pazifischen Inseln

liegen zwischen Asien und Südamerika weit verstreut im Pazifik. Man unterscheidet drei Inselgruppen: Polynesien, Melanesien und Mikronesien. Polynesien befindet sich in der Osthälfte Ozeaniens. Polynesien bedeutet übersetzt »viele Inseln«. Zu Polynesien gehören die Länder **Samoa** und **Tonga** sowie viele abhängige Gebiete, zum Beispiel **Hawaii** (USA), die **Cook-Inseln** (Neuseeland) oder die **Osterinsel** (Chile). Die Inselgruppe östlich von Indonesien heißt Melanesien. Das heißt übersetzt »schwarze Inseln«. Die Inseln wurden so wegen ihrer dunkelhäutigen Einwohner benannt. Die größte Insel dieser Gruppe ist **Neuguinea.** Östlich davon liegen die **Salomonen,** noch weiter östlich und südlich **Vanuatu, Fidschi** und **Neukaledonien** (Frankreich). Mikronesien besteht aus vielen winzig kleinen Inseln. Übersetzt bedeutet das Wort auch »kleine Inseln«. Dieses Inselgebiet liegt nördlich von Melanesien, mitten im Westpazifik. Zu Mikronesien gehören die Staaten **Palau, Nauru, Kiribati, Tuvalu** und die **Marshallinseln.** Außerdem liegen hier auch **Guam** und die **Nördlichen Marianen,** die zu den USA gehören.

Die westlichen Inseln im Pazifik sind von Regenwäldern bedeckt. Die kleineren Inseln im Osten sind meist nur niedrige Atolle. Andere pazifische Inseln sind sehr bergig. Die meisten von ihnen sind vulkanischen Ursprungs. Eines Tages sind sie aus dem Ozean aufgetaucht. Mit dem Festland waren sie also nie verbunden. Die Tier- und Pflanzenarten mussten darum über das Meer auf diese Inseln gelangen. Und da das nur wenige Arten gut überstanden haben, weisen die pazifischen Inseln nur eine geringe Artenzahl auf. Hier leben hauptsächlich Vögel, Insekten, Fledermäuse und natürlich eine Vielzahl bunter Fische im Meer und in den küstennahen Gewässern. Auf den meisten pazifischen Inseln herrscht tropisch-maritimes Klima. Das traumhafte Wetter in Verbindung mit türkisblauem Wasser und endlosen weißen Stränden ist einfach paradiesisch! Wenn da nicht die tropischen Wirbelstürme und Flutwellen wären, die die Inseln immer wieder bedrohen und große Schäden anrichten.

Simbari aus Papeete (12 Jahre)

»La orana! Mein Name ist Simbari und ich bin 12 Jahre alt. Mit meinen Eltern und meinen beiden jüngeren Geschwistern lebe ich in Papeete. Das liegt mitten im Pazifischen Ozean auf Tahiti. Jedes Jahr kommen viele Touristen, um sich an den schönen Stränden unserer Insel zu erholen oder zwischen den bunten Korallenriffen zu tauchen. Sie wohnen in teuren Hotelanlagen direkt am Meer. Ich wohne mit meiner Familie in einer geflochtenen Strohhütte am Rand von Papeete. Aber das ist auch schön. Jeden Tag flechte ich für meinen Vater Körbe und Matten. Die verkauft er dann den Touristen auf dem Markt. Meine Mutter arbeitet in der Küche eines großen Hotels. Darum muss ich immer auf meine Geschwister aufpassen und das Essen zubereiten. Aber das ist einfach. Wir haben vor der Hütte nämlich einen Erdofen. Alle Speisen wickle ich in große Blätter ein und lasse sie auf den heißen Steinen garen. Am liebsten mag ich Huhn mit Reis und Mango. Dazu essen wir oft Kokosnusssauce. Mmmh, das ist lecker!«

Fidschi

Hauptstadt:	Suva
Fläche (ca.):	18 300 km²
Einwohner:	rund 854 000
Sprachen:	Fidschi, Engl.

Kiribati

Hauptstadt:	Bairiki
Fläche (ca.):	726 km²
Einwohner:	rund 100 000
Sprachen:	Gilbertes., Engl.

Marshallin

Hauptstadt:
Fläche (ca.):
Einwohner:
Sprache:

Mikronesie

Hauptstadt:
Fläche (ca.):
Einwohner:
Sprache:

Zu festlichen Anlässen schmücken sich die Inselbewohner Mikronesiens mit schönen Ketten, Kopfschmuck und anderen traditionellen Kleidungsstücken.

Das wichtigste Fortbewegungsmittel im Pazifischen Ozean sind Auslegerboote. Die an der Seite angebrachten Ausleger machen die Boote besonders stabil.

PAZIFISCHE INSELN

Die Asaro auf Papua-Neuguinea wollen ihre Feinde mit Furcht erregenden Masken in die Flucht schlagen.

Hawaii-Inseln (USA)
HONOLULU
ISCHER OZEAN
AJURO
BAIRIKI
Inseln
KIRIBATI
Linien-Inseln
Phoenix-Inseln
Ellice-Inseln
FUNAFUTI
VALU
Tokelau (NZ)
Cook-Inseln (NZ)
Wallis und Futuna (Frankreich)
APIA
SAMOA
Amerik.-Samoa (USA)
FIDSCHI
Vanua Levu
Viti Levu
SUVA
TONGA
Niue (NZ)
NUKU'ALOFA
Tuamotu-Inseln
Tahiti
PAPEETE
Französisch-Polynesien
Tubuai-Inseln
Pitcairn (GB)
N W O S
0 200 400 600 km
eilen 0 200 400 600

Angst um die Heimat

Viele Menschen in Tuvalu haben Angst, dass ihr kleines Land in absehbarer Zukunft vom Meer verschluckt wird. Schon jetzt kommt es durch den Anstieg des Meeresspiegels immer wieder zu schweren Überschwemmungen. Ganze Stücke der schönen Sandstrände werden dann unwiederbringlich Opfer der Fluten. Aber warum steigt das Meer? Die Antwort darauf ist in weiter Ferne zu suchen: In den reichen Industrieländern erzeugen die Fabriken und die vielen Autos eine große Menge Abgase (vor allem Kohlendioxid). Diese Abgase sammeln sich in den oberen Luftschichten und legen sich wie eine warme Bettdecke um die Erde. Unter dieser warmen Decke beginnen die riesigen Gletscher Grönlands und der Antarktis zu schmelzen. Das geschmolzene Eis aber lässt weltweit den Meeresspiegel steigen und stellt eine Bedrohung für alle niedrigen Inselstaaten dar.

Und was machen die Menschen in Tuvalu jetzt? Sie überlegen, ob sie sich besser eine neue Heimat in Neuseeland oder Australien aufbauen sollen.

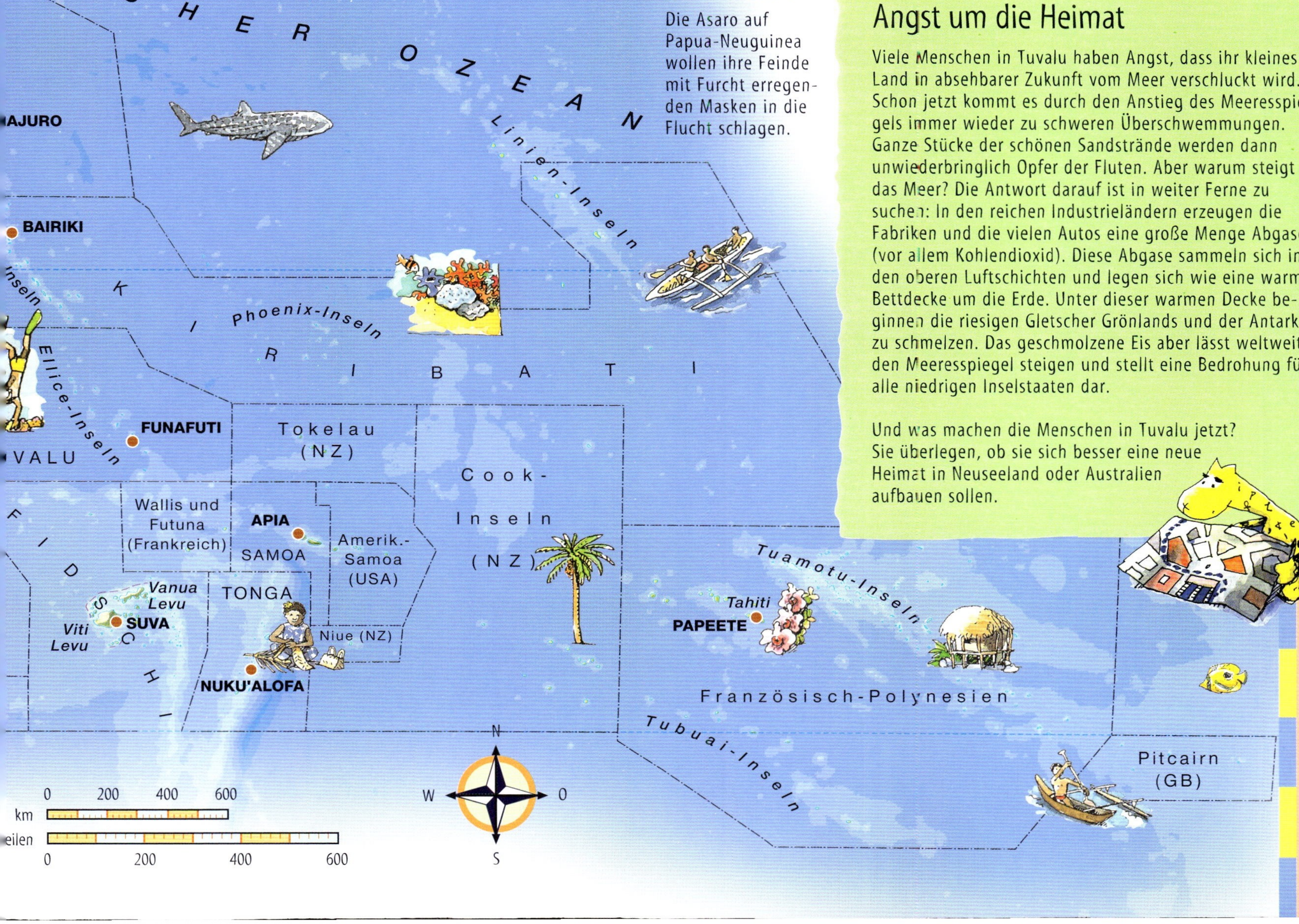

uro
km²
d 63 000
lisch

Nauru

Hauptstadt: Yaren
Fläche (ca.): 21 km²
Einwohner: rund 10 000
Sprachen: Nauruisch, Engl.

Papua-Neuguinea

Hauptstadt: Port Moresby
Fläche (ca.): 462 800 km²
Einwohner in Mio.: rund 6,9
Sprachen: Engl., Pidgin, Motu

Samoa

Hauptstadt: Apia
Fläche (ca.): 2831 km²
Einwohner: rund 179 000
Sprachen: Samoanisch, Engl.

Tuvalu

Hauptstadt: Funafuti
Fläche (ca.): 26 km²
Einwohner: rund 10 000
Sprachen: Tuvaluisch, Engl.

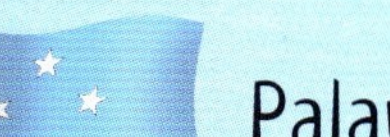

kir
km²
d 111 000
lisch

Palau

Hauptstadt: Melekeok
Fläche (ca.): 459 km²
Einwohner: rund 21 000
Sprachen: Palauisch, Engl.

Salomonen

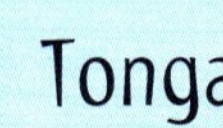

Hauptstadt: Honiara
Fläche (ca.): 28 900 km²
Einwohner: rund 536 000
Sprache: Englisch

Tonga

Hauptstadt: Nuku'alofa
Fläche (ca.): 747 km²
Einwohner: rund 104 000
Sprache: Tongaisch

Vanuatu

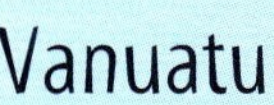

Hauptstadt: Port Vila
Fläche (ca.): 12 200 km²
Einwohner: rund 246 000
Sprachen: Bislama, Engl., Franz.

Königin-Elisabeth-Inseln
Ellesmere-Insel
N
Beaufortsee
Banks-insel
Victoria-insel
Baffin-bay
Grönland
Baffininsel
Alaska
Alaskakette
Mackenzie
Großer Bärensee
Nördlicher Polarkreis
Island
Beringmeer
Rocky Mountains
Großer Sklavensee
Golf von Alaska
Hudson-bay
Labrador-see
Aleuten
Labrador
Winnipeg-see
Vancouver-Insel
NORDAMERIKA
Neufundland
Missouri
Große Seen
Sierra Nevada
Appalachen
Mississippi
ATLANTISCHER
Sierra Madre
Golf von Mexiko
Bahamas
OZEAN
Nördlicher Wendekreis
Große Antillen
Kleine Antillen
Karibisches Meer
Orinoco
Äquator
Galápagos-inseln
Amazonas
Amazonasbecken
ANDEN
SÜDAMERIKA
Mato Grosso
Polynesien
PAZIFISCHER
OZEAN
Südlicher Wendekreis
Parana
Patagonien
N
W
O
S
Falkland-Inseln
Südgeorgien
Feuer-land
Kap Hoorn
Drake-Straße
Südlicher Polarkreis
Weddell-meer
0
600
1200
km
Meilen
0
600
1200

D P O L A R M E E R
Franz-Joseph-Land
Sewernaja Semlja
Neusibirische Inseln
Wrangel-Insel
Ostsibirische See
Laptewsee
Tschuktschensee
Spitzbergen
Nowaja Semlja
Karasee
Taimyr-Halbinsel
Nördlicher Polarkreis
CHES
EER
Barentssee
Lena
Beringmeer
Skandinavien
Jenissei
Kamtschatka
Onegasee
Ladogasee
Ural
Ob
S i b i r i e n
Lena
Ochotskisches Meer
Alëuten
Ostsee
Baikalsee
Sachalin
EUROPA
Amur
Kurilen
Wolga
Ob
Altai
Alpen
Balchaschsee
ASIEN
Hokkaido
PAZIFISCHER
Donau
Schwarzes Meer
Kaspisches Meer
Aralsee
Takla Makan
Gobi
Japanisches Meer
Honshu
OZEAN
Hindukusch
Kunlunshan
Huang He
Gelbes Meer
ITTELMEER
Euphrat
Tigris
HIMALAYA
Kyushu
Persischer Golf
Indus
Thar
Chang Jiang
Ostchinesisches Meer
Nördlicher Wendekreis
Libysche Wüste
Rotes Meer
Arabische Halbinsel
Ganges
Taiwan
Arabisches Meer
Golf von Bengalen
Mekong
Luzon
Philippinen
Sahara
Tschadsee
Nil
Golf von Aden
Malediven
Südchinesisches Meer
Mikronesien
AFRIKA
Ceylon
Mindanao
Sumatra
Borneo
Äquator
Kongo
Kongobecken
Victoriasee
Seychellen
Melanesien
Celebes
Neuguinea
Javasee
Tanganjikasee
Java
Arafurasee
Sambesi
Straße von Mosambik
INDISCHER
Korallensee
Fidschi-Inseln
Madagaskar
Neukaledonien
OZEAN
AUSTRALIEN
Great Dividing Range
Südlicher Wendekreis
Kalahari
Darling
Kap der Guten Hoffnung
Tasmansee
Neuseeland
Kerguelen
Tasmanien
Südlicher Polarkreis
TARKTIS

Die Ozeane bedecken

über zwei Drittel der Erdoberfläche – das sind rund 360 Millionen Quadratkilometer. Durch die Erdteile wird das Meer in drei große Ozeane gegliedert: in den Atlantischen Ozean, den Indischen Ozean und den Pazifischen Ozean.

Der Pazifische Ozean

Der größte Ozean der Erde ist der Pazifische Ozean, auch Pazifik genannt. Der Pazifik nimmt ein Drittel der Erdoberfläche ein. Er erstreckt sich von der Arktis im Norden bis zur Antarktis im Süden, von Amerika bis nach Asien und Australien. Der Pazifik wird auch Stiller Ozean genannt. Diese Bezeichnung geht auf den Entdecker Ferdinand Magellan zurück. Er durchquerte diesen Ozean im 16. Jahrhundert, ohne Stürme und Unwetter zu erleben. Da hatte er wahrscheinlich Glück, denn im Äquatorgebiet des Pazifiks entstehen immer wieder mächtige Wirbelstürme, sogenannte Taifune.

Der Atlantische Ozean

Der zweitgrößte Ozean der Erde ist der Atlantische Ozean, auch Atlantik genannt. Der Atlantik bedeckt rund ein Fünftel der Erdoberfläche. Er trennt Amerika von Europa und Afrika. Am Rand des Atlantischen Ozeans findet man einige kleinere Meere, zum Beispiel die Ostsee, das Mittelmeer oder das Karibische Meer Der Atlantik ist – wie alle anderen Ozeane auch –

John von den Falklandinseln (12 Jahre)

»Hi, ich heiße John und bin 12 Jahre alt. Ich lebe auf Pebble Island, das ist eine Insel, die zu den Falklandinseln gehört. Die Falklandinseln liegen im Atlantik. Sie gehören aber trotzdem zu Großbritannien. Ich wohne in einem ganz kleinen Dorf. Ich kenne hier alle Leute mit Namen. Wir sind nur sechs Kinder in der Schule. Da muss man die Hausaufgaben wirklich immer gemacht haben! Mit meinen Eltern und meinen zwei Schwestern wohne ich auf einer Schaffarm. Fast alle Erwachsenen auf Pebble Island züchten Schafe. Aber es gibt hier nicht nur viele Schafe, sondern auch viele Pinguine. Die Pinguine brüten auf unserer Insel. Besonders gerne mag ich die Felsenpinguine. Sie sind ziemlich klein, können aber total gut schwimmen!«

Zu viele Fischer fangen zu viele Fische: Wegen Überfischung gehen die Fischbestände in den Weltmeeren immer mehr zurück.

Der Blauwal ist das größte Lebewesen, das es je auf der Erde gab. Ein erwachsener Blauwal kann bis zu 30 Meter lang sein.

reich an Bodenschätzen, zum Beispiel Erdöl und Erdgas. Rund 6000 Ölplattformen stehen in den Weltmeeren, davon mehr als 400 in der Nordsee, einem Randmeer des Atlantischen Ozeans. Doch die Förderung und der Transport von Erdöl bleiben nicht ohne Folgen für das Meer. Unzählige Tonnen Öl gelangen dabei nämlich auch in das Wasser. Aber nicht nur durch Öl- und Gasplattformen, sondern auch durch die Schifffahrt oder durch ins Meer geleitete Industrieabfälle werden Wasser und Meeresboden immer stärker verunreinigt. Die Verschmutzung der Meere und der Meeresküsten ist weltweit ein großes Problem.

Der Indische Ozean

Das drittgrößte Weltmeer ist der Indische Ozean. Er wird im Norden von Asien, im Westen von Afrika und im Osten von Australien und Indonesien begrenzt. Im Südpolarmeer treffen der Indische, der Pazifische und der Atlantische Ozean aufeinander. Das Rote Meer und der Persische Golf gehören dem Indischen Ozean als Nebenmeere an. Piraten in Sicht! Im Indischen Ozean gibt es auch heute noch Piraterie. Die »modernen« Seeräuber sind mit schnellen Booten und modernen Waffen ausgerüstet. Oft geben sie sich mit dem Geld im Bordtresor zufrieden. Manchmal lassen die Piraten aber auch Ladungen oder sogar ganze Schiffe verschwinden.

Die Suppenschildkröte lebt in allen drei Ozeanen der Erde. Wegen ihres schön gefärbten Panzers wurde sie lange Zeit gejagt.

Atlantischer Ozean

Fläche (ca.): 106,6 Mio. km²
Mittlere Tiefe: 3686 m
Größte Tiefe: 9219 m im Puerto-Rico-Graben

Der Atlantik ist der am stärksten befahrene Ozean.

Indischer Ozean

Fläche (ca.): 75,8 Mio. km²
Mittlere Tiefe: 3936 m
Größte Tiefe: 7455 m im Sundagraben vor Java

Madagaskar ist die größte Insel im Indischen Ozean.

Pazifischer Ozean

Fläche (ca.): 178,8 Mio. km²
Mittlere Tiefe: 3940 m
Tiefste Stelle: Marianengraben, 11 034 m (Mikronesien)

Der Pazifik ist reich an Koralleninseln.

Europas »Warmwasserheizung«

Das Wasser der Ozeane steht nie still, sondern ist in ständiger Bewegung. Große Meeresströmungen transportieren das Meerwasser rund um die Erde. Angetrieben werden die Meeresströmungen zum Beispiel vom Wind und von den Gezeiten (Ebbe und Flut). Die Meeresströmungen haben einen entscheidenden Einfluss auf unser Klima. So ist eine warme Meeresströmung im Nordatlantik, der Golfstrom, die »Warmwasserheizung« Nord- und Westeuropas. Ohne ihn wäre es in diesen Breiten nämlich erheblich kälter. Norwegen verdankt beispielsweise sein gemäßigtes Klima diesem Golfstrom. Er bringt vor die Küste Norwegens warmes Wasser, so dass auch im Winter dort alle Häfen eisfrei sind.

In tieferen Gewässern leben zum Beispiel Heringe, Seelachse, Dorsche und Schollen. Ganz weit draußen im Ozean findet man Thunfische, Schwertfische sowie verschiedene Haifischarten.

ASIEN
Kamtschatka
BERING-MEER
ALASKA
Golf von Alaska
NORDAMERIKA
Rocky Mountains
JAPAN
Marianengraben
Nördlicher Wendekreis
Hawaii (USA)
Mikronesien
KUBA
PAZIFISCHER OZEAN
Galápagosinseln (Ecuador)
Melanesien
Papua-Neuguinea
Salomonen
Samoa
Vanuatu
Fidschi
Neukaledonien (F)
AUSTRALIEN
Polynesien
Südlicher Wendekreis
Osterinsel (Chile)
SÜDAMERIKA
Anden
CHILE
Tasmanien
NEUSEELAND
Kap Hoorn
Südlicher Polarkreis
ANTARKTIS

km 0 1200 2400
Meilen 0 1200 2400

Amerika

Amerika ist nach Asien der zweitgrößte Erdteil der Welt. Amerika besteht aus den zwei Hauptteilen Nord- und Südamerika, die durch die Landbrücke Mittelamerikas miteinander verbunden sind. Aufgrund seiner Länge bildet Amerika eine natürliche Grenze, die den Atlantischen vom Pazifischen Ozean trennt. Der Kontinent erstreckt sich von den Tropen bis zur Arktis über alle Klimazonen. Entsprechend vielfältig ist die dortige Tier- und Pflanzenwelt.

Nordamerika – Metropolen und Nationalparks

Der nördliche Teil Amerikas umfasst Alaska (gehört zur USA), Kanada und die Vereinigten Staaten (USA). Außerdem rechnet man das zu Dänemark gehörende Grönland sowie die Bermuda-Inseln (britische Kronkolonie) hinzu. Neben zahlreichen großen Städten wie New York, Toronto, Los Angeles oder Vancouver befinden sich in Nordamerika auch viele Nationalparks. Dort kann man Bisons, Wölfe und sogar Bären beobachten. Die größte Bergkette Nordamerikas sind die Rocky Mountains. Sie ziehen sich vom Nordwesten Kanadas bis in den Süden der USA. Im Innern Nordamerikas befinden sich mehrere große Seen. Der größte, der Obere See, liegt auf der Grenze zwischen Kanada und den USA.

Die Rocky Mountains im westlichen Nordamerika erstrecken sich über eine Länge von insgesamt 4300 km. Viele Gipfel der »Rockies« sind immer schneebedeckt, so dass man dort zu jeder Jahreszeit Wintersport betreiben kann. Aber Vorsicht! In den Bergen kannst du auf Grizzlybären stoßen.

Mittelamerika – eine schmale Landbrücke

Nord- und Südamerika sind über die schmale Landbrücke Mittelamerika miteinander verbunden. Panama liegt am schmalsten Stück dieser Landbrücke. Der Panamakanal, eine der wichtigsten Wasserstraßen der Welt, verbindet den Atlantischen mit dem Pazifischen Ozean. Auch die Inselwelt der Karibik wird zu Mittelamerika gerechnet. Die größte karibische Insel ist Kuba. In den östlichen Staaten Mittelamerikas, z. B. in Guatemala oder Mexiko, kannst du noch viele Überreste der Maya-Kultur besichtigen. In Mittelamerika wird überwiegend Spanisch gesprochen.

Südamerika – tropische Regenwälder

Südamerika wird von zwei großen Gebieten beherrscht: den hohen Gebirgszügen der Anden auf der Westseite und dem riesigen Amazonasbecken im Nordosten. Im Amazonasbecken liegt das größte tropische Regenwaldgebiet der Erde. Hier leben so seltene Tiere wie zum Beispiel der Kolibri, das Faultier oder der Ameisenbär. Viele Länder in Südamerika sind reich an Bodenschätzen (Erdöl, Gold, Silber). Etwa die Hälfte der Einwohner Südamerikas lebt in Brasilien. Dort sprechen die Menschen Portugiesisch. In den anderen Ländern Südamerikas wird Spanisch gesprochen.

A B C D
1 2 3 4 5
Tschuktschensee
NORDPOLARMEER
BEAUFORTSEE
RUSSLAND
Nördlicher Polarkreis
Brookskette
Alaska (USA)
Yukon
Großer Bärensee
Mount McKinley (Denali)
Mackenzie
Mount St. Elias
Mount Logan
BERING-MEER
Golf von Alaska
Rocky Mountains
Großes Becken
Mount Whitney

Australien

wurde vor rund 50 000 Jahren von Einwanderern aus Asien besiedelt. Das war damals noch nicht einmal ein Katzensprung. Zu jener Zeit lag der Meeresspiegel nämlich noch viel tiefer und Australien und Neuguinea waren über eine Landbrücke miteinander verbunden. Die Nachkommen der ersten Einwanderer sind in Australien noch heute die Aborigines.

Der britische Kapitän James Cook gilt als einer der größten Entdeckungsreisenden. Cook erforschte die Ostküste Australiens, Neuseeland und viele Südseeinseln. 1779 wurde er auf Hawaii von Eingeborenen erschlagen.

Mit dem Kanu unterwegs

Die pazifischen Inseln wurden vor etwa 7000 Jahren von Seefahrern aus Südostasien besiedelt. Sie waren vermutlich die besten Seefahrer aller Zeiten. Mit ihren hochseetüchtigen Kanus, die Ausleger und besondere Segel hatten, konnten sie sogar gegen den Wind fahren. Auf ihren Fahrten legten sie unglaubliche Entfernungen zurück. Und das alles ohne Messgeräte! Zur Navigation nutzten sie die Sterne und als Gedächtnisstütze dienten ihnen Karten aus Stäben und Kaurischnecken. Kleine Inseln konnten sie schon von weitem erkennen, zum Beispiel an der Form der Wellen, der Farbe des Wassers oder des Himmels.

Die Ankunft der Europäer

Anfang des 17. Jahrhunderts kamen die ersten Europäer nach Ozeanien. Vor allem spanische und holländische Seefahrer erforschten die Inselwelt des Pazifiks. Dabei entdeckten sie immer wieder Teile Australiens. Aber als der eigentliche Entdecker Australiens gilt der englische Kapitän James Cook. Mit seinem Schiff, der »Endeavour«, erreichte er 1770 die noch unbekannte australische Ostküste und nahm sie für die englische Krone in Besitz. Weil die britischen Gefängnisse überfüllt waren, schickte Großbritannien ab 1788 Sträflinge in ihre neue Kolonie. Später kamen dann Farmer und Bergleute freiwillig nach Australien. Durch die Ankunft der ersten Europäer wurden die Ureinwohner Australiens, die Aborigines, aus ihren Lebensräumen vertrieben und fast ausgerottet.

James Cook unternahm seine erste Entdeckungsreise mit der »Endeavour«. Die »Endeavour« war ein umgebautes Segelschiff, mit dem man ursprünglich Kohlen transportierte. Obwohl die »Endeavour« einen besonders flachen Rumpf hatte, lief sie auf ein Riff und musste repariert werden.

Australien und Neuseeland

liegen im Pazifischen Ozean. **Australien** grenzt außerdem im Süden und Westen an den Indischen Ozean. Australien ist der kleinste Kontinent der Welt. Der Erdteil umfasst das australische Festland, die Insel Tasmanien sowie jede Menge kleinerer Inseln. Australien ist etwa 22-mal so groß wie Deutschland. Trotzdem leben dort aber nur 21,5 Millionen Menschen. Die meisten von ihnen wohnen in großen Städten an den Küsten. Hier herrscht das ganze Jahr über ein gemäßigtes Klima. Die Sommer sind warm und die Winter relativ mild. Das Innere des Landes, »Outback« genannt, ist dagegen ein dünn besiedeltes Gebiet. Hier befinden sich ausgedehnte Wüsten- und Buschlandschaften. Im Sommer ist es dort sehr heiß und trocken, oft kommt es zu verheerenden Buschbränden. Im »Outback« gibt es viele Bodenschätze, unter anderem werden hier Kupfer und Gold abgebaut. Außerdem findet man hier riesige Schaf- und Rinderfarmen. Im Norden Australiens kommen Regenwälder vor. Hier leben zum Beispiel Giftschlangen und gefährliche Spinnen. Da Australien stets von anderen Kontinenten isoliert war, konnte sich eine einzigartige Tier- und Pflanzenwelt entwickeln. Zahlreiche Arten kommen nur hier vor. Die bekanntesten Tiere sind wohl das Känguru und der Koalabär. Der Inselstaat **Neuseeland** liegt im südlichen Pazifik, rund 1600 km östlich von Australien. Neuseeland besteht aus der Nord- und der Südinsel sowie vielen kleineren Inseln. Die Nordinsel ist etwas kleiner als die Südinsel, wird aber von weitaus mehr Menschen bewohnt. Unter der Nordinsel rumpelt es gewaltig. Sichtbares Zeichen dafür sind die vielen kleinen Erdbeben, Geysire, brodelnden Schlammlöcher und heißen Quellen. Im Innern der Nordinsel befinden sich mehrere aktive Vulkane. Die Südinsel ist hügelig mit wilden Schluchten und tief eingeschnittenen Fjorden. Da Neuseeland in den gemäßigten Breiten der Südhalbkugel liegt, ist das Klima

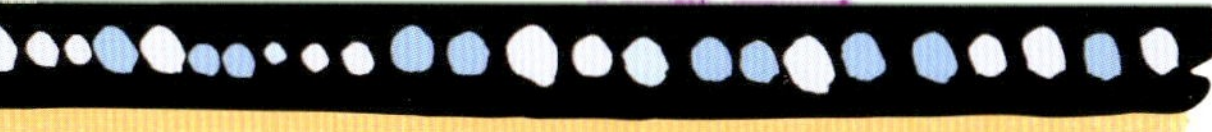

Bevan aus Alice Springs (9 Jahre)

»G'day and welcome to Australia! Dem Land der Aborigines. Ich bin Bevan und lebe mit meiner Familie in der Nähe von Alice Springs. Das liegt im Zentrum von Australien. Meine Familie, das sind meine Mama Makayla, mein Vater Paddy und meine kleine Schwester Brianna. Sie ist erst zwei Jahre alt und kann ganz schön nerven. Wir leben mitten in der Savanne. Daher gehe ich ziemlich oft in den Busch rund um unser Haus. Da wachsen all die typischen australischen Bäume wie Eukalyptus- oder Affenbrotbaum und manchmal springt sogar ein Känguru vorbei. Meistens nehme ich mein Didgeridoo mit und übe ungestört auf einem Felsen. Das Didgeridoo ist ein langer, von Termiten ausgehöhlter Ast, der

Früher hatte jedes Dorf in Neuseeland und auf den Inseln im Pazifik ein Versammlungshaus. Es wurde vor allem für Versammlungen, Beratungen oder zur Beherbergung von Gästen genutzt.

Die vielen kleinen Inseln und Inselgruppen Ozeaniens sind weitab von jedem Festland im Pazifischen Ozean zu finden.

Die Datumsgrenze: Klar, dass nicht überall auf der Welt dieselbe Tageszeit ist. Je weiter du von Deutschland nach Osten fliegst, umso später ist es. Wenn du morgens um 7 Uhr aufstehst, um zur Schule zu gehen, ist es in Sydney schon 17 Uhr. Und noch ein Stückchen weiter ostwärts ist eine Grenze, von der es nicht mehr heute, sondern schon gestern ist: Das Datum wird um einen Tag zurückgestellt. Diese Datumsgrenze verläuft mitten durch Ozeanien, zwischen Tonga und Samoa.

und Schnorchler. Über 1500 Fisch- und 700 Korallenarten gibt es hier. Auf dem Meeresboden stößt man sogar auf alte Schiffswracks.

Die Kokospalme dient den Bewohnern Ozeaniens als Nahrungsmittel und Baumaterial. Aus den Blättern flechten die Frauen Matten und andere Kunstgegenstände.

Weißt du's?

1. Wo steht das berühmteste Opernhaus der Welt, das aussieht wie ein Segelschiff?
2. Wie heißen die Ureinwohner Australiens?
3. Wie viele Menschen leben in Australien und Ozeanien?
4. Wie nennt man das Zentrum von Australien?

Das Didgeridoo ist ein traditionelles Blasinstrument der Aborigines. Es ist gar nicht so einfach, dem Instrument einen Ton zu entlocken. Man braucht dafür eine spezielle Atemtechnik.

Antworten:

1. Sydney · 2. Aborigines · 3. rund 33 Millionen · 4. Outback

Australien und Ozeanien

Fläche:	rund 8,6 Millionen km²
Einwohnerzahl:	rund 33 Millionen

Offiziell anerkannte Länder:
Länder: Australien, Fidschi, Kiribati, Marshallinseln, Mikronesien, Nauru, Neuseeland, Palau, Papua-Neuguinea, Salomonen, Samoa, Tonga, Tuvalu, Vanuatu
Überseeterritorien: Amerikanisch-Samoa (USA), Cook-Inseln (Neuseeland), Französisch-Polynesien (Frankreich), Guam (USA), Hawaii (USA), Neukaledonien (Frankreich), Nördliche Marianen (USA), Osterinsel (Chile), Pitcairn (Großbritannien), Tokelau (Neuseeland), Wallis und Futuna (Frankreich)

Rekorde

Kleinstes Land:	Nauru mit rund 21 km²
Größtes Land:	Australien mit rund 7,7 Millionen km²
Am dünnsten besiedeltes Land:	Australien mit rund 2,7 Einwohnern pro km²
Am dichtesten besiedeltes Land:	Nauru mit rund 650 Einwohnern pro km²
Längstes Korallenriff der Welt:	Großes Barriereriff in Australien, rund 2000 km Länge
Größter Felsblock der Welt:	Uluru (Ayers Rock) in Australien, 350 m hoch, 2,5 km lang, 1,6 km breit
Höchster Berg:	Mount Wilhelm in Papua-Neuguinea, 4519 m

Größtes Land:
Kanada mit rund 10 Millionen km²

Bevölkerungsreichstes Land:
USA mit rund 317 Millionen Einwohnern

Höchster Berg:
Aconcagua in Argentinien, 6960 m

Längster Fluss:
Amazonas, 6437 km

Größter See:
Oberer See (USA/Kanada) mit 82 103 km²

GUATEMALA
HONDURAS
EL SALVADOR
NICARAGUA
COSTA RICA
PANAMA
KARIBISCHES MEER
UND NEVIS
ST. VINCENT UND DIE GRENADINEN
DOMINICA
SAINT LUCIA
BARBADOS
GRENADA
TRINIDAD UND TOBAGO
Panamakanal
Golf von Panama
VENEZUELA
Orinoco
GUYANA
SURINAME
Französisch-Guyana
KOLUMBIEN
Galápagos-inseln (Ecuador)
Cotopaxi
ECUADOR
Amazonas
Amazonastiefland
Amazonas-delta
Äquator
BRASILIEN
PERU
Huascarán
Anden
Brasilianisches Bergland
BOLIVIEN
Illimani
PARAGUAY
Paraná
Südlicher Wendekreis
CHILE
ARGENTINIEN
PAZIFISCHER OZEAN
URUGUAY
Aconcagua
Pampas
Patagonien
Falkland-inseln (GB)
Kap Hoorn

Das Lama lebt in den kalten Gras- und Hochgebirgslandschaften Südamerikas. Das Lama trägt in den Bergen große Lasten. Aus seiner dicken Wolle werden warme Kleidung oder Matten hergestellt.

Kinder in Amerika

In Nordamerika wachsen viele Kinder wahrscheinlich ähnlich auf wie du. Sie gehen morgens in die Schule und treffen sich nachmittags mit Freunden, spielen Computer oder treiben Sport. Beliebte Sportarten sind zum Beispiel Eishockey oder Basketball. Ganz anders leben viele Kinder in Südamerika. Mädchen und Jungen, die in den kleinen Dörfern in den Anden wohnen, müssen oft lange Fußmärsche zurücklegen, um eine Schule zu besuchen. Die Kinder im Amazonasgebiet paddeln sogar mit dem Kanu in die Schule. In Mittel- und Südamerika leben auch viele sehr arme Menschen. Oft sind die Erwachsenen nicht in der Lage, für ihre Kinder zu sorgen. In Peru zum Beispiel müssen darum schon viele kleine Kinder mitarbeiten. Zur Schule gehen sie nur unregelmäßig oder gar nicht. Und in Kolumbien und in anderen südamerikanischen Städten gibt es Kinder, die gar nicht mehr bei ihrer Familie leben. Sie sind von zu Hause weggelaufen, weil sie geschlagen wurden oder weil die Not zu groß war. Man nennt sie Straßenkinder, da sie auf der Straße leben und nachts unter Brücken oder in Hauseingängen schlafen. Mit Betteln, Schuheputzen oder Müllsammeln verdienen sie sich etwas Geld.

Weißt du's?

1. Welcher Kanal verbindet den Atlantischen mit dem Pazifischen Ozean?
2. Wo liegen die Anden, der längste Gebirgszug der Welt?
3. Wo steht die Freiheitsstatue?
4. Durch welche drei Länder fließt Südamerikas größter Fluß, der Amazonas?
5. Mexiko, Panama oder Kuba – welcher Staat ist eine Insel?

Antworten:

1. Panamakanal · 2. An der Pazifikküste Südamerikas · 3. New York · 4. Peru, Kolumbien und Brasilien · 5. Kuba

Im brasilianischen Amazonas-Regenwald leben die Menschen seit Jahrtausenden im Einklang mit der Natur.

In Patagonien haben Wissenschaftler 145 Millionen Jahre alte Dinosaurierknochen freigelegt.

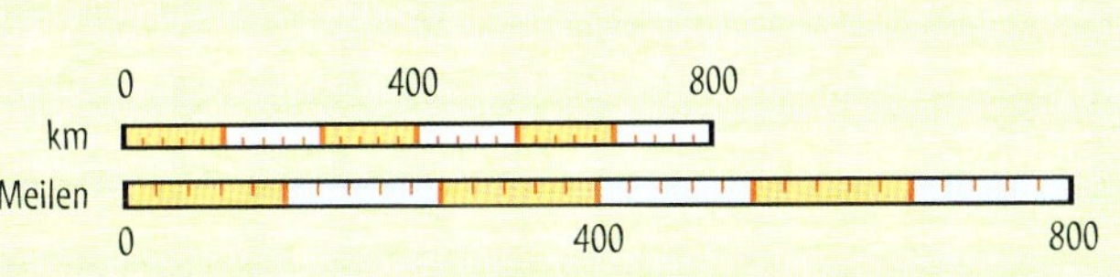

Amerika

Amerika wurde vor über 1000 Jahren von den Wikingern entdeckt. Damals segelte Erich der Rote mit seinem schnellen Schiff bis nach Grönland und dann die nordamerikanische Küste entlang. Aber irgendwie vergaß man das wieder. Darum gilt heute ein anderer als Entdecker von Amerika: Christoph Kolumbus!

Die Indianer sind die Ureinwohner von Amerika. In Nordamerika gab es früher über 600 Stämme. Jeder Stamm hat seine eigene Sprache und Kultur.

Die Entdeckung Amerikas

Während viele Seefahrer den Seeweg nach Asien suchten, indem sie Afrika umsegelten, wollte der italienische Entdecker Christoph Kolumbus nach Indien gelangen, indem er westwärts segelte. Kolumbus war davon überzeugt, dass die Erde eine Kugel sei. Nach seiner Vorstellung bestand die Welt aus Europa, Afrika und Asien, die nur der Atlantische Ozean voneinander trennte. Dass noch ein Erdteil dazwischenliegt, ahnte er nicht. Als er nach zweimonatiger Fahrt am 12. Oktober 1492 auf Land stieß, war er daher der festen Überzeugung, er sei in Indien. Darum nannte er die dortigen Einwohner auch »Indios« (Indianer). Erst der italienische Seefahrer Amerigo Vespucci erkannte, dass Kolumbus einen neuen Erdteil entdeckt hatte. Nach ihm benannte man später den Kontinent: Amerika.

Die europäischen Eroberer

Zu Beginn des 16. Jahrhunderts machten sich viele Spanier und Portugiesen auf den Weg nach Amerika. Sie träumten von sagenhaften Goldschätzen und von Macht. Mit robusten Galeonen überquerten sie den Atlantik. Die Neue Welt übertraf alle ihre Erwartungen: Die Azteken in Mexiko und die Inka in Peru besaßen jahrhundertealte Kulturen. Die Eroberer waren tief beeindruckt von den wertvollen Silber- und Goldschätzen und den prächtigen Städten mit Pyramiden, Tempeln und Skulpturen. Doch sie zerstörten die heiligen Stätten und zwangen die Indios, sich zu unterwerfen. Später gründete man neue Staaten, beispielsweise Mexiko, Brasilien, Argentinien und viele andere. Dort spricht man heute Spanisch oder Portugiesisch. Nordamerika wurde von Frankreich und England erobert. Die europäischen Einwanderer nahmen das Land in ihren Besitz und beuteten es aus. Die Indianer wurden dabei fast ausgerottet. Nur wenige konnten in kleinen Gebieten überleben, die man Reservate nennt.

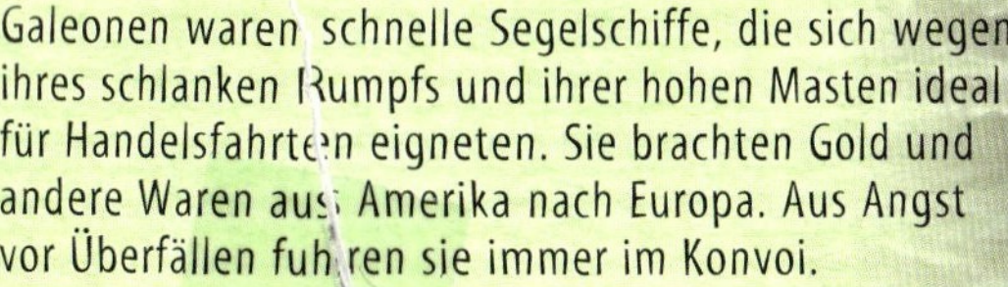

Galeonen waren schnelle Segelschiffe, die sich wegen ihres schlanken Rumpfs und ihrer hohen Masten ideal für Handelsfahrten eigneten. Sie brachten Gold und andere Waren aus Amerika nach Europa. Aus Angst vor Überfällen fuhren sie immer im Konvoi.

In Alaska leben viele Inuit. In ihrer Sprache (Inuktitut) bedeutet Inuit »Mensch«. Häufig werden sie auch »Eskimos« (»Rohfleischfresser«) genannt. Doch diesen Begriff empfinden sie selbst als abwertend.

Der Grizzlybär lebt in den unberührten Wäldern Kanadas. In den Geschichten der Indianer gilt der Grizzlybär als besonders stark und angriffslustig.

Viele Menschen an der Ostküste Kanadas leben vom Fischfang. Da das Meer in den letzten Jahren aber überfischt wurde, hat man ein strenges Gesetz erlassen, das den Fischfang regelt. Danach darf jeder Fischer nur noch eine bestimmte Menge an Fischen fangen.

Amerika

Fläche: rund 42,1 Millionen km²
Einwohnerzahl: rund 903 Millionen

Amerika gliedert sich in 35 unabhängige Staaten:
Antigua und Barbuda, Argentinien, Bahamas, Barbados, Belize, Bolivien, Brasilien, Chile, Costa Rica, Dominica, Dominikanische Republik, Ecuador, El Salvador, Grenada, Guatemala, Guyana, Haiti, Honduras, Jamaika, Kanada, Kolumbien, Kuba, Mexiko, Nicaragua, Panama, Paraguay, Peru, Saint Kitts und Nevis, Saint Lucia, Saint Vincent und die Grenadinen, Suriname, Trinidad und Tobago, Uruguay, Venezuela, Vereinigte Staaten von Amerika (USA)

Rekorde

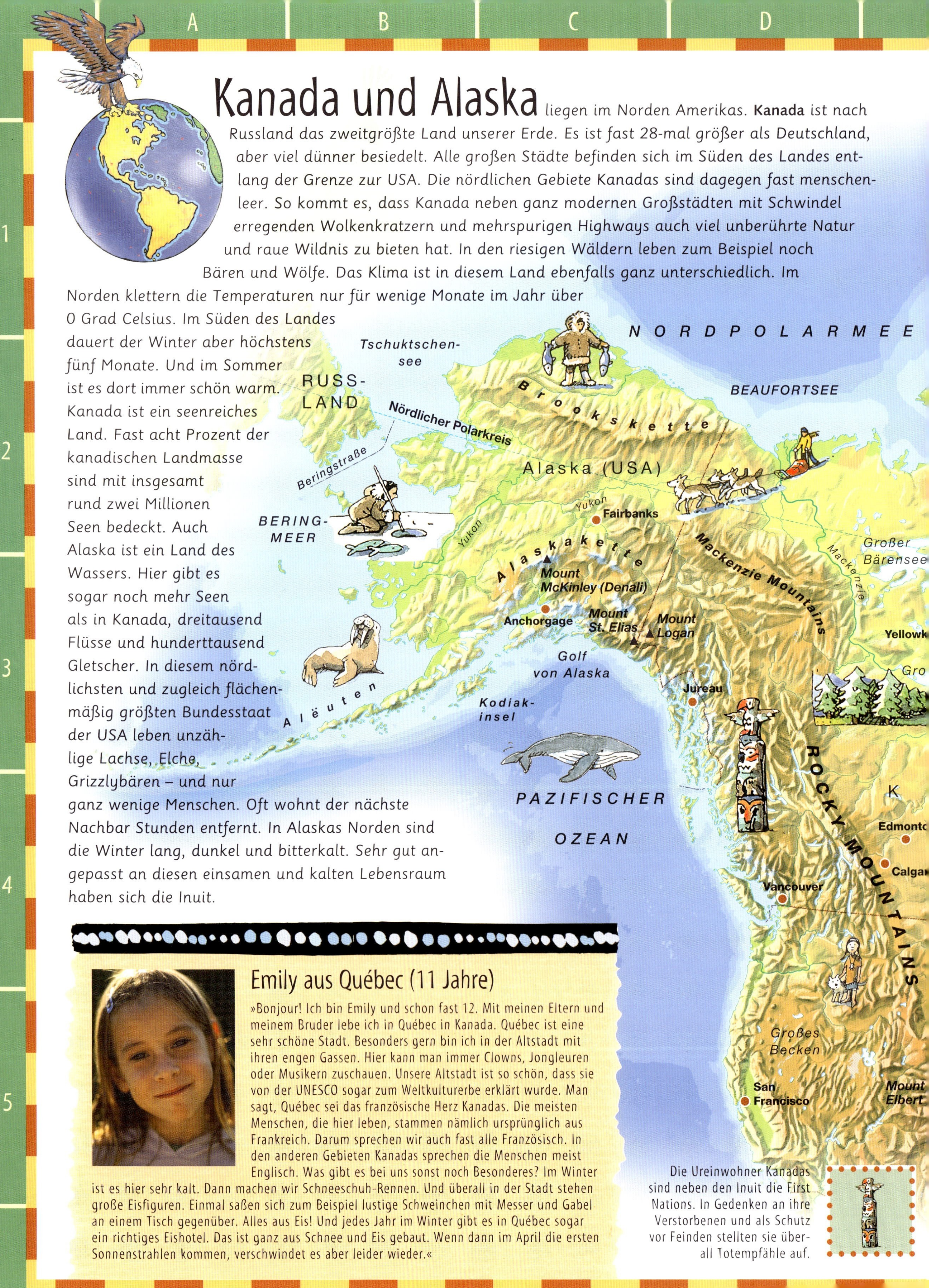

Kanada und Alaska

liegen im Norden Amerikas. **Kanada** ist nach Russland das zweitgrößte Land unserer Erde. Es ist fast 28-mal größer als Deutschland, aber viel dünner besiedelt. Alle großen Städte befinden sich im Süden des Landes entlang der Grenze zur USA. Die nördlichen Gebiete Kanadas sind dagegen fast menschenleer. So kommt es, dass Kanada neben ganz modernen Großstädten mit Schwindel erregenden Wolkenkratzern und mehrspurigen Highways auch viel unberührte Natur und raue Wildnis zu bieten hat. In den riesigen Wäldern leben zum Beispiel noch Bären und Wölfe. Das Klima ist in diesem Land ebenfalls ganz unterschiedlich. Im Norden klettern die Temperaturen nur für wenige Monate im Jahr über 0 Grad Celsius. Im Süden des Landes dauert der Winter aber höchstens fünf Monate. Und im Sommer ist es dort immer schön warm. Kanada ist ein seenreiches Land. Fast acht Prozent der kanadischen Landmasse sind mit insgesamt rund zwei Millionen Seen bedeckt. Auch Alaska ist ein Land des Wassers. Hier gibt es sogar noch mehr Seen als in Kanada, dreitausend Flüsse und hunderttausend Gletscher. In diesem nördlichsten und zugleich flächenmäßig größten Bundesstaat der USA leben unzählige Lachse, Elche, Grizzlybären – und nur ganz wenige Menschen. Oft wohnt der nächste Nachbar Stunden entfernt. In Alaskas Norden sind die Winter lang, dunkel und bitterkalt. Sehr gut angepasst an diesen einsamen und kalten Lebensraum haben sich die Inuit.

Emily aus Québec (11 Jahre)

»Bonjour! Ich bin Emily und schon fast 12. Mit meinen Eltern und meinem Bruder lebe ich in Québec in Kanada. Québec ist eine sehr schöne Stadt. Besonders gern bin ich in der Altstadt mit ihren engen Gassen. Hier kann man immer Clowns, Jongleuren oder Musikern zuschauen. Unsere Altstadt ist so schön, dass sie von der UNESCO sogar zum Weltkulturerbe erklärt wurde. Man sagt, Québec sei das französische Herz Kanadas. Die meisten Menschen, die hier leben, stammen nämlich ursprünglich aus Frankreich. Darum sprechen wir auch fast alle Französisch. In den anderen Gebieten Kanadas sprechen die Menschen meist Englisch. Was gibt es bei uns sonst noch Besonderes? Im Winter ist es hier sehr kalt. Dann machen wir Schneeschuh-Rennen. Und überall in der Stadt stehen große Eisfiguren. Einmal saßen sich zum Beispiel lustige Schweinchen mit Messer und Gabel an einem Tisch gegenüber. Alles aus Eis! Und jedes Jahr im Winter gibt es in Québec sogar ein richtiges Eishotel. Das ist ganz aus Schnee und Eis gebaut. Wenn dann im April die ersten Sonnenstrahlen kommen, verschwindet es aber leider wieder.«

Die Ureinwohner Kanadas sind neben den Inuit die First Nations. In Gedenken an ihre Verstorbenen und als Schutz vor Feinden stellten sie überall Totempfähle auf.

Fast die Hälfte von Kanada ist mit Wald bedeckt. Doch jedes Jahr werden ungefähr 25 Millionen Hektar Wald vernichtet. Das ist etwa so groß wie das Gebiet der alten Bundesländer.

Kanada

Hauptstadt: Ottawa
Fläche (ca.): 9,98 Mio. km^2
Einwohner in Mio.: rund 33,9
Sprachen: Englisch, Französisch
Höchster Berg: Mount Logan (5951 m)
Längster Fluss: Mackenzie (4240 km)

Größter See:
Oberer See, durch ihn verläuft die Grenze der USA zu Kanada. (Kanadischer Teil ca. 4240 km^2)

Längste Autobahn der Welt:
Der fast 8000 km lange Trans-Canada-Highway ist die längste nationale Straße der Welt.

Riesige Wassermengen:
Kanada ist das Land der Seen und Flüsse. Es verfügt über die größten Süßwasserreserven der Welt.

Schlittenhundrennen

Die ersten Schlittenhundrennen veranstalteten in Alaska die Kinder. Sie setzten sich in stabile Kisten, die sie auf Skiern befestigt hatten. Dann spannten sie Huskys davor und veranstalteten atemberaubende Wettrennen. Das war natürlich einen Riesenspaß – das sahen auch die Erwachsenen. Diese machten es den Kindern nach und organisierten 1907 das erste offizielle Schlittenhundrennen. Der »Yukon Quest«, das härteste Schlittenhundrennen der Welt, findet seit 1984 regelmäßig statt. Bei diesem Rennen sind die Hundegespanne über zehn Tage und Nächte bei minus 30 Grad Celsius unterwegs – über Eisschollen, gefrorene Flüsse, durch Schneewehen. Und als ob das nicht schon gefährlich genug wäre: Vorsicht! Wölfe und Bären streifen durch die Region!

Ahornsirup darf auf keinem kanadischen Frühstückstisch fehlen. 10 000 Tonnen des leckeren Süßstoffs werden jährlich in Kanada hergestellt. Das Ahornblatt findest du auch auf der Flagge Kanadas.

Die Vereinigten Staaten von Amerika

und die Bahamas befinden sich im südlichen Nordamerika. Im Atlantik liegen auch die Turks- und Caicos-Inseln sowie die Bermuda-Inseln. Diese Inselgruppen sind britische Überseegebiete. Die **Vereinigten Staaten von Amerika** – auch USA genannt – sind flächenmäßig der drittgrößte Staat der Erde. Sie erstrecken sich quer über den nordamerikanischen Erdteil vom Atlantischen bis zum Pazifischen Ozean. Im Norden grenzen die Staaten an Kanada, im Süden an Mexiko. Die Entfernungen in diesem Land sind riesig! Aufgrund der gewaltigen Ausmaße ist auch die Landschaft äußerst vielfältig. So umfasst das Land Tausende Kilometer Acker- und Weideland, die imposante Bergwelt der Rocky Mountains, mächtige Ströme, die Sümpfe der Everglades in Florida oder die wilde Schluchtenlandschaft im gewaltigen Tal des Grand Canyon in Arizona. In den USA gibt es aber auch viele moderne Großstädte mit Schwindel erregend hohen Wolkenkratzern. Die größte Stadt des Landes ist New York. Hier leben über acht Millionen Menschen. Die Vereinigten Staaten von Amerika sind so groß, dass sie sich über mehrere Klimazonen erstrecken. Zum größten Teil herrscht in den USA aber kontinentales Klima mit kalten Wintern und heißen Sommern.

Die **Bahamas** liegen zwischen Florida und Kuba im Atlantischen Ozean. Insgesamt umfassen die Bahamas rund 700 größere und kleinere Inseln. Vom Weltall aus erscheinen sie wie an einer Perlenkette aufgereiht. Der größte Teil der Inseln ist unbewohnt. Auf den Inseln leben viele Tiere, zum Beispiel Kolibris, Papageien oder Flamingos. In den Küstengewässern kann man Delfine, Haie und Schildkröten entdecken. Viele Touristen bereisen die Bahamas, um zu schnorcheln oder zu tauchen. Das Klima dort ist subtropisch. Es regnet nur selten, die meisten Tage sind sonnig und warm.

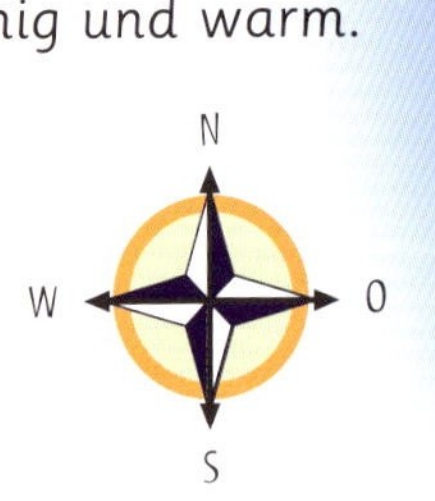

Marco aus Watsonville (9 Jahre)

»Hi! Ich heiße Marco und bin fast 9 Jahre alt. Geboren wurde ich in Tijuana in Mexiko. Als mein Vater keine Arbeit mehr fand, sind wir nach Kalifornien ausgewandert. Wir wohnen jetzt in Watsonville, das ist eine kleine Stadt südlich von San Francisco. Hier wohnen viele Mexikaner. Es gibt sogar mexikanisches Fernsehen. Mein Vater arbeitet nun als Pflücker auf den Feldern. Er pflückt Erdbeeren, Artischocken oder Salat. Ich muss viel lernen. Denn hier in der Schule sprechen die Lehrer ja Englisch und nicht mehr Spanisch! Früher habe ich oft Fußball gespielt. In den USA spielen die Jungs aber lieber Baseball. Das geht wirklich ganz anders! Man muss den Ball zum Beispiel werfen und nicht treten. Manchmal gucke ich mir das Video von unserem letzten Weihnachtsfest in Mexiko an. Dann werde ich immer ein bisschen traurig.«

Einen Stern für jeden Staat

Die Flagge der USA wird auch »Stars and Stripes« genannt. Auf ihr siehst du rote und weiße Streifen sowie 50 weiße Sterne. Jeder Stern steht für einen Bundesstaat. Denn die Vereinigten Staaten von Amerika sind ein Zusammenschluss von 50 Bundesstaaten. Jeder Staat hat eine eigene Bundeshauptstadt und eine Regierung, die eigene Gesetze verabschieden kann. Die fünfzig Bundesstaaten sind: Alabama, Alaska, Arizona, Arkansas, Colorado, Connecticut, Delaware, Florida, Georgia, Hawaii, Idaho, Illinois, Indiana, Iowa, Kalifornien, Kansas, Kentucky, Louisiana, Maine, Maryland, Massachusetts, Michigan, Minnesota, Mississippi, Missouri, Montana, Nebraska, Nevada, New Hampshire, New Jersey, New Mexico, New York, North Carolina, North Dakota, Ohio, Oklahoma, Oregon, Pennsylvania, Rhode Island, South Carolina, South Dakota, Tennessee, Texas, Utah, Vermont, Virginia, Washington, West Virginia, Wisconsin, Wyoming.

Rodeo ist nur etwas für ganz harte Cowboys! Beim Rodeo versuchen die Reiter nämlich, so lange wie möglich auf dem Rücken eines wilden Pferdes oder Stieres zu bleiben.

Vereinigte Staaten von Amerika

Hauptstadt: Washington
Fläche (ca.): 9,6 Mio. km²
Einwohner in Mio.: rund 317
Sprache: Englisch

Tiefster Punkt:
Mit bis zu 86 m unter Normalnull (NN) ist das Death Valley, das Tal des Todes, der tiefste Punkt Nordamerikas. Im Sommer herrschen hier Temperaturen von bis zu 50 °C. Das Death Valley erhielt seinen Namen, nachdem 1849 wegen der großen Hitze viele Goldgräber hier ihr Leben verloren haben.

Bahamas

Hauptstadt: Nassau
Fläche (ca.): 13 900 km²
Einwohner: rund 346 000
Sprache: Englisch

Größte Insel:
Mit etwa 6000 km² ist Andros die größte Insel der Bahamas. Trotz dieser Größe leben auf Andros nur etwa 8000 Menschen. Sie wohnen vorwiegend in kleinen Dörfern an der Ostküste. Vor der Ostküste liegt auch das Barrier Reef, das drittgrößte Riff der Welt.

Die Niagarafälle an der Grenze zwischen Kanada und den Vereinigten Staaten von Amerika bieten einen atemberaubenden Anblick. Jede Sekunde stürzen etwa zwei Millionen Liter Wasser über die 100 Meter breiten Felswände in die Tiefe.

Das Kapitol ist das Parlamentsgebäude der Vereinigten Staaten von Amerika. Vor dem Kapitol schwören die meisten Präsidenten ihren Amtseid.

Als im April 2010 eine Ölplattform im Golf von Mexiko explodierte, strömten bis zu einer Million Tonnen Erdöl ins Meer. Die Ölpest ist eine der größten Umweltkatastrophen in der Geschichte der Menschheit.

In Mittelamerika und der Karibik

scheint die Sonne das ganze Jahr über und sorgt für warme Temperaturen. In den Ländern dieser Region gibt es nur zwei Jahreszeiten: Regenzeit und Trockenzeit. In der Regenzeit (von Mai bis November) regnet es meist täglich kurz und heftig. Danach scheint aber wieder die Sonne.

Die Länder Mittelamerikas liegen auf einem schmalen Landstreifen, der Nordamerika mit Südamerika verbindet. Der größte Staat Mittelamerikas ist **Mexiko.** In Mexiko gibt es ganz unterschiedliche Landschaften: weite Hochebenen, schneebedeckte Berge, einsame Wüsten, gewaltige Vulkane und tropischen Regenwald. In den südlichen Regenwäldern leben zum Beispiel Affen, Papageien und Ameisenbären. Eine unglaubliche Vielzahl an Pflanzen und Tieren gibt es auch in den Nationalparks in **Costa Rica** und **Nicaragua.**

In Mittelamerika gab es schon früh bedeutende Hochkulturen. Viele Pyramiden und Tempelanlagen in Mexiko, **Guatemala, Belize** und **Honduras** zeugen von der faszinierenden Kultur der Mayas und der Azteken. In den Ländern Mittelamerikas wird Spanisch gesprochen. Nur Belize bildet da eine Ausnahme.

Die Karibik besteht aus der Inselwelt östlich von Mittelamerika. Die Karibik ist in drei Inselgruppen unterteilt: die **Bahamas,** die Großen Antillen und die Kleinen Antillen. Zu den Großen Antillen gehören **Kuba, Haiti,** die **Dominikanische Republik, Jamaika** und Puerto Rico (USA). Die Inseln der Kleinen Antillen erstrecken sich von Puerto Rico bis nach Südamerika. Hierzu zählen die acht unabhängigen Länder **Antigua und Barbuda, Saint Kitts und Nevis, Dominica, Saint Lucia, Saint Vincent und die Grenadinen, Barbados, Grenada** sowie **Trinidad und Tobago.**

Marisa aus San Salvador (12 Jahre)

»Hola! Ich heiße Marisa, bin 12 Jahre alt und will euch von meinem Leben in San Salvador erzählen. Ich wohne mit meiner Mutter und meinen drei Geschwistern am Rand von San Salvador. Unser Vater wohnt nicht mehr bei uns. Er ist in die USA gegangen, um Geld zu verdienen. Hier bei uns hat er wie viele andere Männer keine Arbeit gefunden. Unsere Familie wohnt in einer kleinen Hütte aus Holz und Wellblech. Da unsere Mutter das Schulgeld nicht aufbringen kann, gehe ich in die Schule unter dem freien Himmel. Die findet auf einer Straße statt und ist kostenlos. Man kann kommen und gehen, wann man will. Das ist wichtig, weil viele Kinder arbeiten müssen. Kinder werden meist eher eingestellt als Erwachsene, weil sie nicht so viel kosten. Ich arbeite vormittags in einem Haus reicher Leute als Hausangestellte.«

Mexiko

Hauptstadt: Mexico City
Fläche (ca.): 2 Mio. km²
Einwohner in Mio.: rund 110,6
Sprache: Spanisch

Guatemala

Hauptstadt: Guatemala
Fläche (ca.): 109 000 km²
Einwohner in Mio.: rund 14,4
Sprache: Spanisch

Costa Rica

Hauptstadt:
Fläche (ca.):
Einwohner in M
Sprache:

Belize

Hauptstadt: Belmopan
Fläche (ca.): 23 000 km²
Einwohner: rund 313 000
Sprache: Englisch

El Salvador

Hauptstadt: San Salvador
Fläche (ca.): 21 000 km²
Einwohner in Mio.: rund 6,2
Sprache: Spanisch

Panama

Hauptstadt:
Fläche (ca.):
Einwohner in M
Sprache:

Honduras

Hauptstadt: Tegucigalpa
Fläche (ca.): 112 500 km²
Einwohner in Mio.: rund 7,6
Sprache: Spanisch

Nicaragua

Hauptstadt: Managua
Fläche (ca.): 130 400 km²
Einwohner in Mio.: rund 5,8
Sprache: Spanisch

Kuba

Hauptstadt:
Fläche (ca.):
Einwohner in M
Sprache:

Das Auge des Sturms

Die Ostküste Mittelamerikas sowie die Karibik werden immer wieder von Hurrikans heimgesucht. Ein Hurrikan ist ein tropischer Wirbelsturm. Er entwickelt sich durch die Verdunstung riesiger Wassermengen über dem warmen Meer. Hurrikans können einen Durchmesser von einigen hundert Kilometern haben und Geschwindigkeiten von mehr als 200 Kilometer pro Stunde erreichen. Im »Auge« (=Wirbelzentrum) weht hingegen nur schwacher Wind. Hurrikans richten oft große Schäden an. Einer der verheerendsten Wirbelstürme war der Hurrikan »Katrina«, der im August 2005 über 1000 Menschenleben forderte.

MITTELAMERIKA

Die weißen Sandstrände und das warme Wetter in der Karibik ziehen jährlich viele Menschen an, die dort ihren Urlaub unter Palmen verbringen wollen.

Auf Kuba wächst unter anderem Tabak. Die Tabakblätter werden in Fabriken zu Zigarren gerollt. Kubanische Zigarren sind weltberühmt.

GOLF VON MEXIKO
ATLANTISCHER OZEAN
KARIBISCHES MEER
Mérida
Yucatán
HAVANNA
KUBA
BAHAMAS
Große Antillen
Cayman-Inseln (GB)
Santiago de Cuba
KINGSTON
JAMAIKA
HAITI
PORT-AU-PRINCE
DOMINIKANISCHE REPUBLIK
SANTO DOMINGO
Puerto Rico (USA)
San Juan
Jungferninseln (USA) (GB)
Anguilla (GB)
Barbuda
ANTIGUA UND BARBUDA
Antigua
ST. KITTS UND NEVIS
Monserrat (GB)
Guadeloupe (Frankreich)
Kleine Antillen
DOMINICA
Martinique (Frankreich)
SAINT LUCIA
ST. VINCENT UND DIE GRENADINEN
BARBADOS
GRENADA
Tobago
TRINIDAD UND TOBAGO
Trinidad
Niederländische Antillen (NL)
Aruba
Curaçao
Bonaire
VENEZUELA
KOLUMBIEN
BELIZE
BELMOPAN
GUATEMALA
GUATEMALA
HONDURAS
TEGUCIGALPA
SALVADOR
SAN SALVADOR
NICARAGUA
Nicaraguasee
MANAGUA
SAN JOSÉ
COSTA RICA
PANAMA
Panamakanal
PANAMA
Golf von Panama
N O S W
km 0 100 200 300
Meilen 0 100 200 300

Der Panamakanal verbindet den Pazifischen mit dem Atlantischen Ozean.

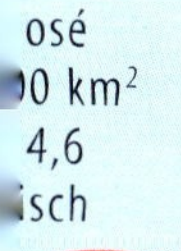

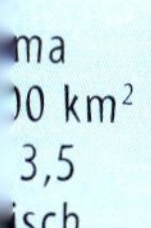

...osé
...0 km²
...4,6
...isch

...ma
...0 km²
...3,5
...isch

...nna
...00 km²
...11,2
...sch

Jamaika

Hauptstadt:	Kingston
Fläche (ca.):	11 000 km²
Einwohner in Mio.:	rund 2,7
Sprache:	Englisch

Haiti

Hauptstadt:	Port-au-Prince
Fläche (ca.):	27 800 km²
Einwohner in Mio.:	rund 10,2
Sprachen:	Franz., Kreolisch

Dominikanische Republik

Hauptstadt:	Santo Domingo
Fläche (ca.):	48 700 km²
Einwohner in Mio.:	rund 10,2
Sprache:	Spanisch

Antigua und Barbuda

Hauptstadt:	St. John's
Fläche (ca.):	442 km²
Einwohner:	rund 89 000
Sprache:	Englisch

Saint Kitts und Nevis

Hauptstadt:	Basseterre
Fläche (ca.):	261 km²
Einwohner:	rund 52 000
Sprache:	Englisch

Dominica

Hauptstadt:	Roseau
Fläche (ca.):	751 km²
Einwohner:	rund 67 000
Sprache:	Englisch

Saint Lucia

Hauptstadt:	Castries
Fläche (ca.):	539 km²
Einwohner:	rund 74 000
Sprache:	Englisch

Saint Vincent und die Grenadinen

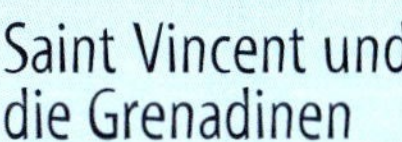

Hauptstadt:	Kingstown
Fläche (ca.):	389 km²
Einwohner:	rund 109 000
Sprache:	Englisch

Barbados

Hauptstadt:	Bridgetown
Fläche (ca.):	430 km²
Einwohner:	rund 257 000
Sprache:	Englisch

Grenada

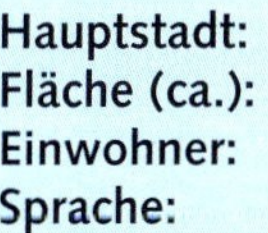

Hauptstadt:	St. George's
Fläche (ca.):	344 km²
Einwohner:	rund 104 000
Sprache:	Englisch

Trinidad und Tobago

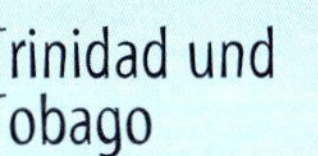
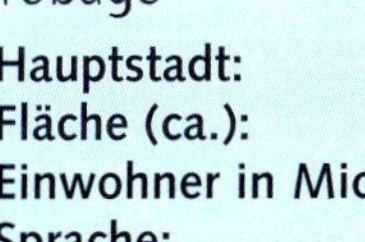

Hauptstadt:	Port of Spain
Fläche (ca.):	5130 km²
Einwohner in Mio.:	rund 1,3
Sprache:	Englisch

Südamerika

ist über die Landbrücke von Panama mit Mittelamerika verbunden. In Südamerika ist vieles höher, größer oder länger als anderswo. Durch den Norden fließt zum Beispiel der Amazonas. Das ist der wasserreichste und zweitlängste Fluss der Erde. Das Amazonasgebiet ist weit größer als die Fläche Europas. In diesem Gebiet wächst der größte Regenwald der Erde. Er erstreckt sich über neun Länder. Hier gibt es viele Pflanzenarten, die nirgendwo sonst auf der Welt vorkommen. Außerdem findet man in Südamerika das längste Gebirge der Welt, die Anden. Sie ziehen sich entlang der Westküste von **Venezuela** über **Kolumbien, Ecuador, Peru, Bolivien, Argentinien** und **Chile** (Andenstaaten). Zwischen den Anden und dem Pazifik eingeklemmt liegt das »Handtuchland« Chile. Chile ist nämlich sehr lang und nur ganz schmal. Im Norden von Chile befindet sich die Atacama-Wüste. Sie gilt als die trockenste Wüste der Welt. Es regnet hier so gut wie nie. Der Pantanal in **Brasilien** ist dagegen eine Welt aus Wasser. In diesem größten Feuchtgebiet der Erde sind neben unzähligen Vogelarten auch Kaimane, Schlangen, Ameisenbären und viele andere seltene Tierarten beheimatet. Doch Südamerika ist nicht nur ein Kontinent der Superlative, sondern auch ein Erdteil voller Gegensätze. Hier findet man reiche Großstädte und bitterarme Favelas. So nennt man die Armenviertel aus Blech, Wellpappe und Abfällen, die sich am Rand der Städte ausbreiten. Allein in Rio de Janeiro soll es mehr als 600 Favelas mit Millionen von Bewohnern geben. In diesen Favelas herrscht oft eine hohe Kriminalität. Besonders die Kinder leiden unter dem Leben in Gewalt und Armut. Viele Mädchen und Jungen gehen nicht zur Schule. Schon ganz kleine Kinder müssen arbeiten oder betteln, um das Familieneinkommen aufzubessern. Drei Viertel der Einwohner Südamerikas leben in großen Städten wie São Paulo, Buenos Aires oder Caracas. Die südamerikanischen Städte sind sehr unterschiedlich. Was den Kontinent vereint, ist die Sprache. Mit Ausnahme von Brasilien wird fast überall Spanisch gesprochen. Die Landessprache in Brasilien ist Portugiesisch. Der südamerikanische Kontinent erstreckt sich über mehrere Klimazonen. In vielen Gebieten ist es tropisch heiß und sehr feucht. Während in den Anden in den tieferen Lagen glühende Hitze herrscht, sind die Gipfel der Berge jedoch aus Schnee und Eis.

KARIB
PANAMA
BOGO
Galápagos-inseln (Ecuador)
ECUADOR
QUITO
Cotopaxi
Chimborazo
Huascarán
LIM
PAZIFISCHER OZEAN
Osterinsel (Chile)

Hoch in den peruanischen Anden liegt die einstige Inkafestung Macchu Picchu. Weil die spanischen Eroberer im 16. Jahrhundert vergeblich nach ihr suchten, wird sie auch die »verlorene Stadt« genannt.

Ricardo aus Rio (11 Jahre)

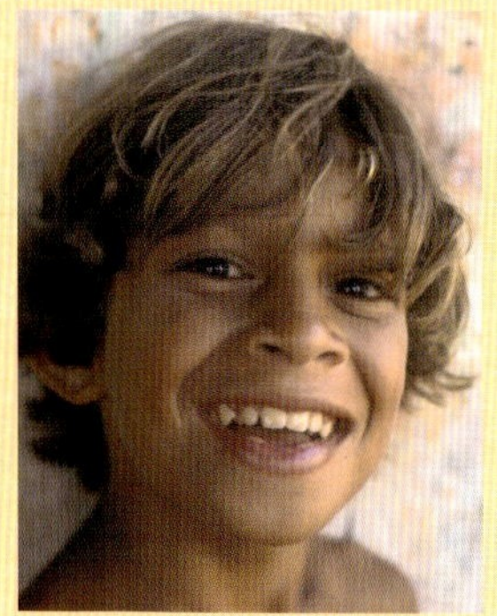

»Bom dia! Ich bin Ricardo aus Rio de Janeiro. Ich bin 11 Jahre alt. Als ich 9 war, bin ich von daheim fortgelaufen. Es war sowieso nicht genug Geld für alle da. Immer gab es Streit. Und Schläge. Fast zwei Jahre lang habe ich dann auf der Straße gelebt. Ich habe mich einer Kinderbande angeschlossen und gelernt, von Betteln und Diebstahl zu leben. Es war wirklich eine harte Zeit. Geschlafen habe ich meist in Hauseingängen. Ständig hatte ich Hunger. Und niemand hat sich um mich gekümmert, als ich mal längere Zeit krank war. Doch jetzt lebe ich in einem Waisenhaus für Kinder. Ich schlafe nun in einem richtigen Bett und gehe wieder jeden Tag zur Schule. Es gibt regelmäßig etwas zu essen. Nachmittags spiele ich Fußball mit den anderen Jungs. Wenn ich groß bin, möchte ich mich auch um die Straßenkinder in Rio kümmern. Oder ein berühmter Fußballspieler werden. Mal sehen!«

Ein ganz krummes Ding

Wichtige Exportprodukte Südamerikas sind Bananen, Kaffee, Kakao und Zuckerrohr. Vor allem in Ecuador werden Bananen angebaut. Dort findet man an der Küste große Bananenplantagen. Damit die Bananen den weiten Weg zu uns unbeschadet zurücklegen können, werden sie unreif geerntet und in Kartons verpackt. Auf Kühlschiffen setzen sie ihre Reise fort. Unterwegs werden sie bei circa 13 Grad Celsius in eine Art »Schlafzustand« versetzt. Erst in Bananenreifereien, im Handel oder bei euch zu Hause reifen sie dann nach. Warum ist die Banane eigentlich krumm? Bananen wachsen nicht an Bäumen, sondern an Stauden. Zuerst wachsen sie nach unten. Nach kurzer Zeit biegen sie sich dann schräg nach oben, der Sonne entgegen. Und deshalb werden sie so krumm!

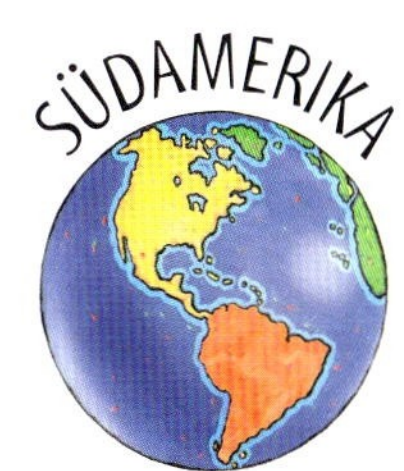

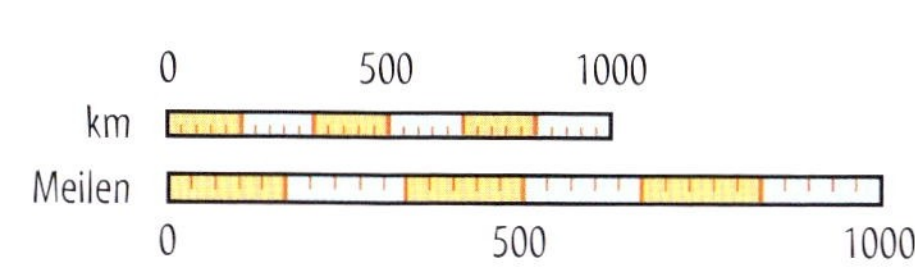

Der Karneval in Rio de Janeiro ist weltberühmt. Kurz vor der Fastenzeit feiern die Menschen insgesamt vier Tage und vier Nächte lang in wunderschönen farbenfrohen Kostümen auf den Straßen der brasilianischen Großstadt.

Der Titicacasee liegt über 3800 m über dem Meeresspiegel. Er ist damit der höchstgelegene schiffbare See der Welt. Auf dem See gibt es schwimmende Inseln aus Schilf. Auf denen leben seit Jahrhunderten die Uros.

Was in Nordamerika die Cowboys sind, sind in Südamerika die Gauchos. Hoch zu Ross hüten sie seit über 100 Jahren die Rinderherden in den argentinischen Pampas.

Venezuela

Hauptstadt:	Caracas
Fläche (ca.):	912 000 km²
Einwohner in Mio.:	rund 29
Sprache:	Spanisch

Kolumbien

Hauptstadt:	Bogotá
Fläche (ca.):	1,1 Mio. km²
Einwohner in Mio.:	rund 46,3
Sprache:	Spanisch

Guyana

Hauptstadt:	Georgetown
Fläche (ca.):	215 000 km²
Einwohner:	rund 761 000
Sprache:	Englisch

Suriname

Hauptstadt:	Paramaribo
Fläche (ca.):	163 800 km²
Einwohner:	rund 424 000
Sprache:	Niederländisch

Ecuador

Hauptstadt:	Quito
Fläche (ca.):	256 400 km²
Einwohner in Mio.:	rund 13,8
Sprache:	Spanisch

Peru

Hauptstadt:	Lima
Fläche (ca.):	1,3 Mio. km²
Einwohner in Mio.:	rund 29,5
Sprachen:	Span., Ketschua, Aymará

Brasilien

Hauptstadt:	Brasília
Fläche (ca.):	8,5 Mio. km²
Einwohner in Mio.:	rund 195,4
Sprache:	Portugiesisch

Chile

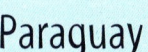

Hauptstadt:	Santiago de Chile
Fläche (ca.):	756 000 km²
Einwohner in Mio.:	rund 17,1
Sprache:	Spanisch

Argentinien

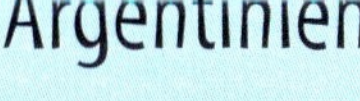

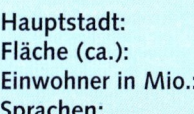

Hauptstadt:	Buenos Aires
Fläche (ca.):	2,8 Mio. km²
Einwohner in Mio.:	rund 40,7
Sprache:	Spanisch

Paraguay

Hauptstadt:	Asunción
Fläche (ca.):	407 000 km²
Einwohner in Mio.:	rund 6,5
Sprachen:	Span., Guaraní

Uruguay

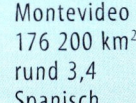

Hauptstadt:	Montevideo
Fläche (ca.):	176 200 km²
Einwohner in Mio.:	rund 3,4
Sprache:	Spanisch

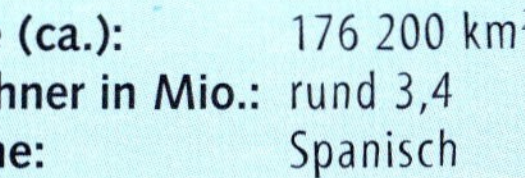

Bolivien

Hauptstadt:	Sucre
Fläche (ca.):	1,1 Mio. km²
Einwohner in Mio.:	rund 10
Sprachen:	Span., Ketschua, Aymará

Afrika

Afrika wird im Westen vom Atlantischen Ozean, im Osten vom Indischen Ozean und dem Roten Meer und im Norden vom Mittelmeer begrenzt. An der Straße von Gibraltar stoßen der afrikanische und der europäische Kontinent fast aneinander. Die schmale Meeresstraße wird schon seit Jahrtausenden für den Schiffsverkehr genutzt. Sie ist eine der meistbefahrenen Wasserstraßen der Welt. Vor der Südostküste im Indischen Ozean liegt Madagaskar, die einzige große Insel Afrikas.

Ein warmer Kontinent

Afrika ist der wärmste Kontinent. Im größten Teil Afrikas ist es das ganze Jahr über sehr warm. In der Sahara können die Temperaturen sogar über 50 Grad Celsius erreichen. Die Sahara ist die größte und heißeste Wüste der Welt. Sie liegt im Norden Afrikas und reicht vom Roten Meer bis zum Atlantik. In Afrika gibt es noch zwei weitere große Wüsten: Die Kalahari und die Namib im Südwesten des Kontinents. In den Wüstenregionen leben Tiere, die sich an die extreme Hitze und die Trockenheit angepasst haben, zum Beispiel Wüstenfüchse, Springmäuse, Insekten und Reptilien. Ganz andere Lebensbedingungen haben die Tiere, die in den afrikanischen Savannen zu Hause sind. In den Savannen wächst vor allem Gras, das zum Ende der Regenzeit üppig grün ist. Hier findet man zum Beispiel Büffel, Zebras, Giraffen oder Elefanten. Und auch im afrikanischen Regenwald finden viele Tiere hervorragende Lebensbedingungen.

Ein armer Kontinent

Afrika ist reich an Bodenschätzen, reich an Gold und Edelsteinen. Dennoch ist Afrika ein sehr armer Kontinent. Hunger, Bürgerkriege, Krankheiten und Armut bestimmen den Alltag vieler Menschen dort. Sehr viele Menschen müssen ohne sauberes Trinkwasser auskommen. Ein großer Teil des afrikanischen Bodens ist nicht zu bewirtschaften. Und immer wieder gibt es verheerende Dürrekatastrophen.

Ein bunter Kontinent

Obwohl Afrika ein sehr armer Kontinent ist, so ist er doch reich an Kulturen und Traditionen. Es gibt hier unzählig viele verschiedene Sprachen und Dialekte. Manche Sprachen werden nur von ganz wenigen Menschen gesprochen, andere dagegen von Millionen. Musik und Tanz gehören in Afrika zum täglichen Leben dazu. Eines der beliebtesten Musikinstrumente ist die Trommel. Viele afrikanische Länder sind für ihr typisches Kunsthandwerk (z. B. Holzschnitzerei) bekannt.

Im nördlichen Afrika

Im nördlichen Afrika findest du eine große Wüste, ein Gebirge mit weißen Gipfeln und einen langen Fluss. Die Wüste ist die Sahara. Sie ist die größte Wüste der Welt. Die Sahara erstreckt sich vom Atlantik bis zum Roten Meer und vom Mittelmeer bis zum Sudan. Die Sahara besteht nicht nur aus Sand, sondern auch aus Steinen und einigen grünen Inseln: den Oasen. Fast alle dieser Oasen werden von Grundwasser gespeist. Das Grundwasser stammt aus Zeiten, in denen in der Wüste ein feuchteres Klima herrschte. Und das große Gebirge? Das ist das Atlasgebirge in Nordwestafrika. Es zieht sich durch **Marokko, Algerien** und **Tunesien.** Diese drei Staaten heißen auch Maghreb-Länder. Maghreb – so nennen die Araber nämlich den Atlas. Die höchsten Gipfel des Gebirges sind im Winter mit Schnee bedeckt. Afrika besitzt viele mächtige Ströme. Mit über 6600 km ist der Nil sogar der längste Fluss der Erde. Er fließt durch **Ägypten,** den **Sudan, Äthiopien** und Uganda und versorgt noch weitere Länder mit Wasser. An beiden Seiten des Nils verläuft ein langes, schmales und sehr fruchtbares Band: das Niltal. Hier leben viele Menschen. Das Klima im nördlichen Afrika ist ganz unterschiedlich. Doch eines haben die meisten Länder gemeinsam: Es gibt nur zwei Jahreszeiten, nämlich Regen- und Trockenzeit.

Francis aus Ghana (10 Jahre)

»Akwaaba! Ich bin Francis, 10 Jahre alt und komme aus Ghana. Ich wohne in Atwereboana. Das ist ein ganz kleines Dorf im Norden von Ghana. Ausschlafen kann ich eigentlich nie! Ich stehe jeden Morgen um 6 Uhr auf, laufe zum Fluss und hole Wasser. Da ich immer nur zwei volle Eimer tragen kann, muss ich mehrmals gehen. Dann füttere ich unsere Ziegen. Auch meine kleineren Geschwister müssen zu Hause mithelfen. Mein Bruder sammelt Brennholz, meine Schwester fegt unsere Hütte. Wenn ich mit meiner Arbeit fertig bin, gehe ich zur Schule. Nicht alle Kinder in Ghana können das, denn für die Schule muss man viel Geld bezahlen. Während ich lesen und schreiben lerne, passt mein Bruder Kwabena auf unsere kleine Schwester auf. Denn unsere Eltern arbeiten den ganzen Tag auf einer Kakaoplantage.«

Afrika

Fläche: rund 30,3 Millionen km^2
Einwohnerzahl: rund 925 Millionen

Zu Afrika gehören 53 Staaten:
Ägypten, Algerien, Angola, Äquatorialguinea, Äthiopien, Benin, Botswana, Burkina Faso, Burundi, Demokratische Republik Kongo, Dschibuti, Elfenbeinküste, Eritrea, Gabun, Gambia, Ghana, Guinea, Guinea-Bissau, Kamerun, Kap Verde, Kenia, Komoren, Lesotho, Liberia, Libyen, Madagaskar, Malawi, Mali, Marokko, Mauretanien, Mauritius, Mosambik, Namibia, Niger, Nigeria, Republik Kongo, Ruanda, Sambia, São Tomé und Príncipe, Senegal, Seychellen, Sierra Leone, Simbabwe, Somalia, Südafrika, Sudan, Swasiland, Tansania, Togo, Tschad, Tunesien, Uganda, Zentralafrikanische Republik

Große Teile Afrikas sind von Savannenlandschaften bedeckt. Die Savanne ist eine Grassteppe, in der nur vereinzelte Bäume mit ausladenden Kronen stehen, die Schirmakazien. Die Savanne ist einer der tierreichsten Lebensräume der Erde. Vor allem große Tiere wie Löwen, Elefanten, Antilopen, Nashörner und Giraffen leben hier.

Rekorde

Kleinstes Land:	Seychellen, rund 455 km^2
Größtes Land:	Sudan, rund 2,5 Millionen km^2
Höchster Berg:	Kilimandscharo, 5895 m
Längster Fluss:	Nil, 6671 km
Größte Wüste:	Sahara, 8,7 Mio. km^2
Größter See:	Victoriasee, 69 484 km^2, liegt zwischen den Staaten Tansania, Uganda und Kenia

km 0 400 800
Meilen 0 400 800

MITTELMEER
SIEN
Große Syrte
Suezkanal
LIBYEN
Libysche Wüste
ÄGYPTEN
Nil
ROTES MEER
Nasser-Stausee
Nördlicher Wendekreis
N W O S
a r a
Tibesti
ER
TSCHAD
Arabische Halbinsel
Nil
ERITREA
Tschad-see
Kap Guardafui
Golf von Aden
DSCHIBUTI
SUDAN
Äthiopisches Hochland
ÄTHIOPIEN
ZENTRALAFRIKANISCHE REPUBLIK
Nil
SOMALIA
AMERUN
Turkana-see
UGANDA
DEMOKRATISCHE
Kongo-becken
Mount Elgon
KENIA
Mount Kenya
Äquator
KONGO
REPUBLIK
RUANDA
Victoria-see
BUN

Die Seychellen liegen östlich von Afrika im Indischen Ozean. Der Inselstaat besteht aus vielen kleinen Koralleninseln vulkanischen Ursprungs. Ideal zum Tauchen!

In Afrika

begann vor etwa 5 Millionen Jahren die Entwicklung der Menschheit. Das ist unvorstellbar lange her! Die ersten Menschen lebten vermutlich im südlichen und östlichen Afrika. In dieser Gegend fand man nämlich rund 2 Millionen Jahre alte Knochenreste und Steinwerkzeuge. Die ersten Menschen lebten als Jäger und Sammler und wohnten in Höhlen. Auf die Felswände ihrer Höhlen malten sie mit Naturfarben Bilder von Tieren und Menschen. Die kann man sich noch heute anschauen! Später begannen die Menschen damit, Tiere zu hüten und Hirse anzubauen. Sie gründeten kleine Dörfer und entwickelten eigene Kulturen.

Henry Morton Stanley war einer der ersten Europäer, die sich in das Innere von Afrika trauten. Bei seiner Ankunft am Kongo wurde er jedoch nicht so freundlich begrüßt.

Afrikanische Kulturen

Zu den ältesten Kulturen im nördlichen Afrika gehört das Reich der alten Ägypter. Du hast sicher schon von ihnen gehört! Das Reich der alten Ägypter entstand vor etwa 5000 Jahren an den Ufern des Nils. Die Ägypter bauten riesige Pyramiden aus Stein, in denen sie ihre Könige bestatteten. Dank ihrer Bilderschrift und ihrem Totenkult wissen wir heute sehr viel über die alten Ägypter. Auch im südlichen Afrika entwickelten sich Kulturen. Zu ihnen gehörte zum Beispiel die Nok-Kultur. Das Volk der Nok lebte vor etwa 2000 Jahren im Gebiet des heutigen Nigeria. Die Nok-Leute waren Ackerbauern und stellten Waffen und Geräte aus Eisen her. Berühmt sind ihre feinen Skulpturen aus Ton. Doch von den Kulturen südlich der Sahara wusste man lange Zeit nichts. Erst als arabische Händler im 8. Jahrhundert den afrikanischen Kontinent bereisten, erfuhr man von ihrer Existenz.

Europäische Kolonien in Afrika

Die ersten Europäer kamen im 15. Jahrhundert. Sie bereisten die afrikanischen Küsten und gründeten dort Handelsstützpunkte, sogenannte Kolonien. Von dort aus verschifften sie Hunderttausende Afrikaner als Sklaven nach Amerika. In das Innere des afrikanischen Kontinents wagten sich nur wenige Entdecker. Sie fürchteten die Sümpfe, Regenwälder und Wüsten. Außerdem starben immer wieder mutige Forscher an Malaria und Gelbfieber. Als man jedoch Diamanten, Edelsteine und Gold entdeckte, begannen die europäischen Länder Afrika unter sich aufzuteilen. Die Afrikaner leisteten heftigen Widerstand. Heute sind alle Länder Afrikas unabhängig.

Der Mensch entstand in Afrika. Darum sagt man heute auch, Afrika sei die Wiege der Menschheit. Die ersten Menschen hinterließen tolle Bilder. Auf die Felswände ihrer Höhlen trugen sie zum Beispiel mit ihren Fingern und Händen Farben auf. Manchmal benutzten sie auch Zweige oder Pinsel aus Tierhaaren. Am liebsten malten sie Tiere und Menschen.

KONGO
Kongo
Tanganjika-see
TANSANIA
Sansibar
SEYCHELLEN
Kongo
Katanga
KOMOREN
ANGOLA
MALAWI
Malawi-see
SAMBIA
Cabora-Basa-Stausee
Sambesi
Kariba-Stausee
MOSAMBIK
MADAGASKAR
Sambesi
Victoriafälle
SIMBABWE
NAMIBIA
Namib-Wüste
Okavango
INDISCHER OZEAN
Limpopo
Kalahari
BOTSWANA
Südlicher Wendekreis
SWASI-LAND
Oranje
SÜDAFRIKA
LESOTHO
Drakensberge
Kap der Guten Hoffnung
Kap Agulhas

In den 53 afrikanischen Ländern leben mehr als 600 verschiedene Volksgruppen, die mehr als 1000 verschiedene Sprachen sprechen. Eine der größten Volksgruppen sind die Zulus.

Der Strauß ist der größte lebende Vogel. Er kann zwar nicht fliegen, dafür aber schnell laufen. Mit einer Geschwindigkeit von bis zu 50 km/h nimmt er es leicht mit einem Radfahrer auf.

Aus Afrika stammen viele berühmte Tee- und Kaffeesorten. Tee und Kaffee sind daher wichtige Exportgüter. Aber auch in Afrika selbst sind Tee und Kaffee beliebte Getränke.

Kinder in Afrika

In Afrika gibt es Kinder, die in modernen Städten aufwachsen. Zum Beispiel in Kairo, der größten Stadt Afrikas. Hier leben sie zum Teil in modernen Stadtvierteln und ärgern sich vielleicht jeden Tag über den lärmenden und stinkenden Verkehr. Doch die meisten afrikanischen Kinder wohnen in kleinen Dörfern auf dem Land. Hier bleiben die wenigen Autos nicht im Stau, sondern häufig auf den schlechten, ungeteerten Straßen stecken. Viele dieser Dörfer haben kein fließend Wasser oder Strom. Vor allem auf dem Land wachsen die Kinder oftmals in Großfamilien auf. Sie leben also nicht nur mit ihren Eltern und Geschwistern zusammen, sondern auch noch mit Oma, Opa, Onkel, Tanten … Afrika ist ein sehr armer Kontinent. Die meisten Familien haben kein Geld, um ihren Kindern Spielsachen zu kaufen. Viele Kinder in Afrika können nicht lesen und nicht schreiben. Anstatt zur Schule zu gehen, müssen die Mädchen und Jungen zum Beispiel auf dem Feld oder im Haushalt arbeiten. Insbesondere in den Ländern südlich der Sahara leben viele Kinder in extremer Armut, leiden an Hunger und Mangelernährung. Und immer mehr Kinder in Afrika werden ohne ihre Eltern groß. Denn täglich sterben dort viele Menschen an Aids. Das ist ein Virus, der das Immunsystem der Menschen zerstört. Wenn die Eltern tot sind, kommen die Kinder häufig zu Verwandten oder in Waisenhäuser. Viele Kinder finden aber kein neues Zuhause und sind dann völlig auf sich allein gestellt. Nicht nur Erwachsene, sondern auch viele Kinder und Jugendliche sterben an dieser Krankheit.

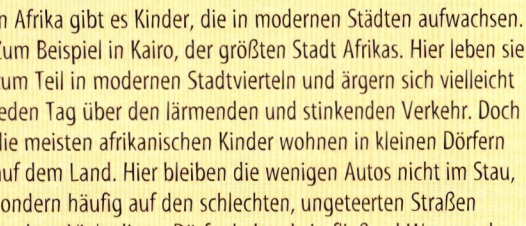

Weißt du's?

1. Wie heißt die größte Insel vor dem afrikanischen Kontinent?
2. Schau genau hin: Welches Land ist größer, Tunesien oder Sambia?
3. Gibt es zwei Länder, die Kongo heißen?
4. Fließt der Nil ins Mittelmeer oder in den Atlantik?
5. Welche Tiere sind unersetzlich für den Transport von Gepäck durch die Wüste?

Antworten:

1. Madagaskar · 2. Sambia · 3. Ja, die Demokratische Republik Kongo und die Republik Kongo · 4. Mittelmeer · 5. Kamele

Die drei Pyramiden von Gizeh existieren seit ca. 5000 Jahren. Tausende von Menschen mussten damals jahrelang am Bau dieser riesigen Pharaonengräber arbeiten.

Ein großes Problem für die internationale Seefahrt sind die vielen Piraten rund um Somalia. Am Horn von Afrika treiben sie ihr Unwesen!

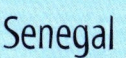

Wie ein Spinnennetz durchziehen Handelsrouten die Sahara. Früher waren es Kamelkarawanen, die diese gigantische Weite durchquerten. Heute sind es meist hoffnungslos überladene LKWs.

ISRAEL, Suez-kanal, JORDANIEN, Alexandria, Nil-delta, KAIRO, Gizeh, Sinai, Arabische Wüste, Nil, ÄGYPTEN, Assuan, Nasser-Stausee, ROTES MEER, SAUDI-ARABIEN, Nubische Wüste, Port Sudan, Bajuda-Steppe, SUDAN, Omdurman, KHARTUM, Blauer Nil, Weißer Nil, Tingal, Nubaberge, ERITREA, ASMARA, Ras Dashen, Tana-see, Äthiopisches Hochland, JEMEN, Golf von Aden, Kap Guardafui, DSCHIBUTI, Xaafuun, ADDIS ABEBA, Rift Valley, Ogaden, ÄTHIOPIEN, SOMALIA, Shebele, Sudd, Bor, Kinyeti, UGANDA, KENIA, MOGA-DISCHU, INDISCHER OZEAN

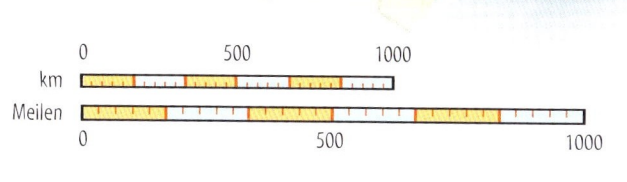

km 0 500 1000
Meilen 0 500 1000

Mali

Hauptstadt: Bamako
Fläche (ca.): 1,2 Mio. km²
Einwohner in Mio.: rund 13,3
Sprache: Französisch

Senegal

Hauptstadt: Dakar
Fläche (ca.): 197 000 km²
Einwohner in Mio.: rund 12,9
Sprache: Französisch

Gambia

Hauptstadt: Banjul
Fläche (ca.): 11 300 km²
Einwohner in Mio.: rund 1,8
Sprache: Englisch

Kap Verde

Hauptstadt: Praia
Fläche (ca.): 4033 km²
Einwohner: rund 513 000
Sprache: Portugiesisch

Sierra Leone

Hauptstadt: Freetown
Fläche (ca.): 71 700 km²
Einwohner in Mio.: rund 5,8
Sprache: Englisch

Liberia

Hauptstadt: Monrovia
Fläche (ca.): 111 400 km²
Einwohner in Mio.: rund 4,1
Sprache: Englisch

Guinea
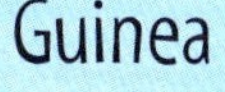

Hauptstadt: Conakry
Fläche (ca.): 245 900 km²
Einwohner in Mio.: rund 10,3
Sprache: Französisch

Guinea-Bissau

Hauptstadt: Bissau
Fläche (ca.): 36 100 km²
Einwohner in Mio.: rund 1,6
Sprache: Portugiesisch

Elfenbeinküste

Hauptstadt: Yamoussoukro
Fläche (ca.): 322 500 km²
Einwohner in Mio.: rund 21,6
Sprache: Französisch

Burkina Faso

Hauptstadt: Ouagadougou
Fläche (ca.): 274 200 km²
Einwohner in Mio.: rund 16,3
Sprache: Französisch

Ghana

Hauptstadt: Accra
Fläche (ca.): 238 500 km²
Einwohner in Mio.: rund 24,3
Sprache: Englisch

Togo

Hauptstadt: Lomé
Fläche (ca.): 56 800 km²
Einwohner in Mio.: rund 6,8
Sprachen: Franz., Kabyé, E...

Benin

Hauptstadt: Porto Novo
Fläche (ca.): 112 600 km²
Einwohner in Mio.: rund 9,2
Sprache: Französisch

Niger

Hauptstadt: Niamey
Fläche (ca.): 1,3 Mio. km²
Einwohner in Mio.: rund 15,9
Sprache: Französisch

Nigeria

Hauptstadt: Abuja
Fläche (ca.): 923 800 km²
Einwohner in Mio.: rund 158,3
Sprache: Englisch

Kamerun

Hauptstadt: Yaoundé
Fläche (ca.): 475 400 km²
Einwohner in Mio.: rund 20
Sprachen: Franz., Engl.

Tschad

Hauptstadt: N'Djamena
Fläche (ca.): 1,3 Mio. km²
Einwohner in Mio.: rund 11,5
Sprachen: Franz., Arabisch

Sudan
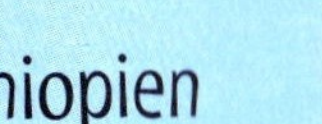

Hauptstadt: Khartum
Fläche (ca.): 2,5 Mio. km²
Einwohner in Mio.: rund 43,2
Sprachen: Arabisch, Engl.

Äthiopien

Hauptstadt: Addis Abeba
Fläche (ca.): 1,1 Mio. km²
Einwohner in Mio.: rund 85
Sprache: Amharisch

Eritrea

Hauptstadt: Asmara
Fläche (ca.): 117 600 km²
Einwohner in Mio.: rund 5,2
Sprachen: Tigrinya, Arab.

Dschibuti

Hauptstadt: Dschibuti
Fläche (ca.): 23 200 km²
Einwohner: rund 879 000
Sprachen: Arabisch, Franz.

Somalia

Hauptstadt: Mogadischu
Fläche (ca.): 637 700 km²
Einwohner in Mio.: rund 9,4
Sprache: Somali

Zentral-afrikanische Republik

Hauptstadt: Bangui
Fläche (ca.): 623 000 km²
Einwohner in Mio.: rund 4,5
Sprachen: Sangho, Franz.

Marokko

Hauptstadt: Rabat
Fläche (ca.): 446 500 km²
Einwohner in Mio.: rund 32,4
Sprache: Arabisch

Algerien

Hauptstadt: Algier
Fläche (ca.): 2,4 Mio. km²
Einwohner in Mio.: rund 35,4
Sprache: Arabisch

Tunesien

Hauptstadt: Tunis
Fläche (ca.): 163 600 km²
Einwohner in Mio.: rund 10,4
Sprache: Arabisch

Libyen

Hauptstadt: Tripolis
Fläche (ca.): 1,8 Mio. km²
Einwohner in Mio.: rund 6,5
Sprache: Arabisch

Ägypten

Hauptstadt: Kairo
Fläche (ca.): 1 Mio. km²
Einwohner in Mio.: rund 84,5
Sprache: Arabisch

Mauretanien

Hauptstadt: Nouakchott
Fläche (ca.): 1 Mio. km²
Einwohner in Mio.: rund 3,4
Sprache: Arabisch

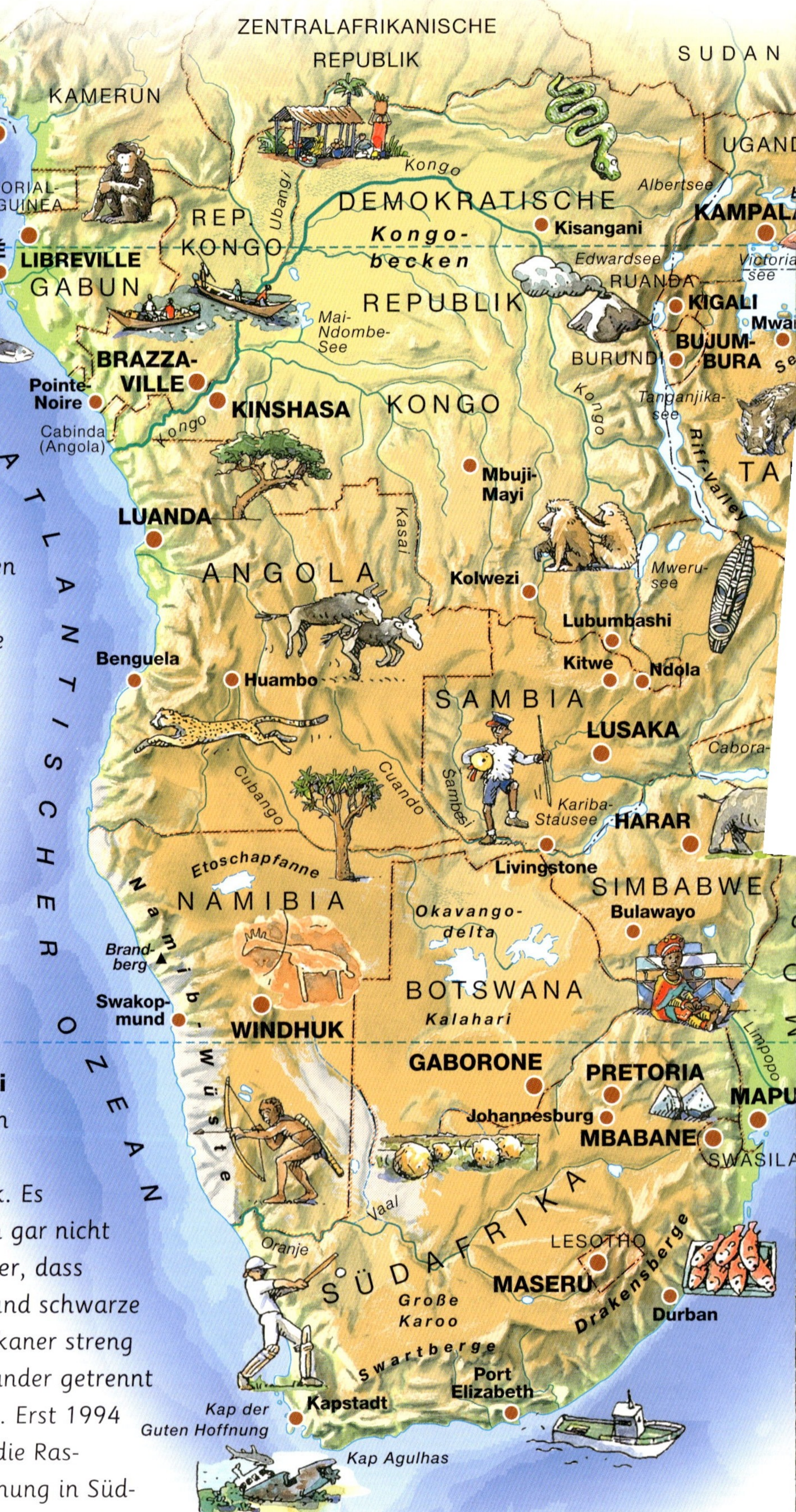

Das südliche Afrika

ist ein Gebiet voller Gegensätze. Dort gibt es heiße Wüstenlandschaften wie die Namib und die Kalahari im Südwesten und tropische Regenwälder im Nordwesten, die vom Kongo und seinen Nebenflüssen durchzogen werden. Fast die Hälfte aller Tier- und Pflanzenarten der Erde kommen im afrikanischen Regenwald vor. Entlang der vielen Wasserwege des Kongobeckens leben gefährliche Krokodile und behäbige Flusspferde. Und das dichte Laubdach der Tropen bietet Schutz für farbenprächtige Vögel, lärmende Affen und gemütliche Gorillas. Doch viele Tier- und Pflanzenarten sind bedroht, weil die Menschen weite Teile des Regenwaldes abholzen, um das Holz zu verkaufen und Felder für die Landwirtschaft zu gewinnen. Naturkatastrophen wie Dürren und Überschwemmungen vernichten oft große Teile der Ernte. Darum sind viele Menschen in **Malawi, Sambia, Mosambik, Swasiland** oder auch in **Lesotho** von Hunger bedroht. Und Länder wie **Angola, Ruanda, Burundi** oder die **Demokratische Republik Kongo** befanden sich jahrelang in einem blutigen Bürgerkrieg. Auch **Südafrika** blickt auf eine bewegte Geschichte zurück. Es ist noch gar nicht lange her, dass weiße und schwarze Südafrikaner streng voneinander getrennt wurden. Erst 1994 wurde die Rassentrennung in Südafrika (Apartheid) beendet. Dank seiner Bodenschätze wie Diamanten und Gold ist Südafrika heute das wirtschaftlich reichste Land auf dem afrikanischen Kontinent. In Südafrika gibt es Wüsten, Savannen, Wälder, Weinberge und viele Naturreservate und Nationalparks. Die gibt es auch in **Tansania, Kenia** oder Sambia. Im südlichen Afrika ist es die meiste Zeit des Jahres warm und sonnig. Es gibt Trocken- und Regenzeiten. Dabei sind die Jahreszeiten auf der Südhalbkugel entgegengesetzt zu den unseren. Im südafrikanischen Winter ist bei uns also Sommer. Das Klima auf den Inseln ist feucht und heiß.

Salama aus Sansibar (10 Jahre)

»Jambo! Ich heiße Salama und bin 10 Jahre alt. Mit meiner Familie lebe ich auf Sansibar. Die Insel liegt vor der Ostküste Afrikas und gehört zu Tansania. Der Boden hier ist sehr fruchtbar. Auf unserer Farm bauen wir alle möglichen Gewürze an, beispielsweise Zimt, Nelken, Pfeffer und Ingwer. Beim Mahlen der Gewürze helfe ich mit. Oder ich verkaufe sie auf dem Markt. Nach Sansibar kommen auch viele Touristen. Manchmal verdiene ich mir etwas Geld, indem ich ihnen anbiete, beim Einkaufen auf dem Markt ihre Taschen zu tragen. Früher wurden auf Sansibar Sklaven verkauft. Auf großen Dhaus wurden sie nach Arabien oder Indien verfrachtet. Dhaus, das sind einmastige Boote aus Holz. Sie werden noch heute hier gebaut.«

ÄTHIOPIEN
KENIA
Mount Kenya
NAIROBI
Kilimandscharo
Mombasa
Arusha
DOMA
Pemba
Sansibar
NIA
Dar es Salaam
Kap Delgado
Ruvuma
KOMOREN
MORONI
Mayotte (F)
Maromokotro
SEYCHELLEN
VICTORIA
Straße von Mosambik
MADAGASKAR
Toamasina
ANTANANARIVO
Ankaratra
MAURITIUS
Saint-Denis
Réunion (F)
PORT LOUIS
Südlicher Wendekreis
NDISCHER OZEAN
km 0 300 600
Meilen 0 300 600

SÜDLICHES AFRIKA

In Tansania an der Grenze zu Kenia befindet sich der Kilimandscharo. Mit 5895 Metern ist er der höchste Berg Afrikas.

Lemuren gibt es nur auf Madagaskar und den Komoren.

…den Nationalparks von Afrika …ann man Löwen, …efanten, Antilopen, Nashörner …nd Giraffen aus …ächster Nähe beobachten.

…auritius ist für …eine Briefmarken …erühmt. Besonders die »Blaue …auritius« ist …ehr selten und …arum auch sehr wertvoll.

…as Volk der San …bt in der Kalahari. Wie ihre …orfahren ziehen …e als nomadische Jäger und …ammler durch die Wüste.

Ein riesiger Riss

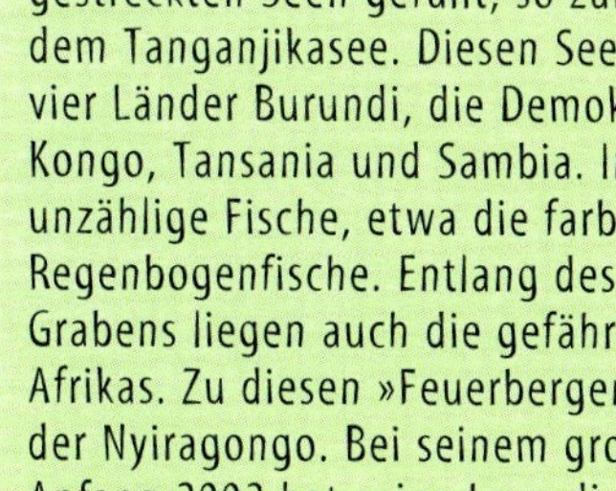

Im Osten Afrikas, von Äthiopien bis Malawi, verläuft eine lange Erdspalte: der Ostafrikanische Graben (auch Riff Valley). Dieser riesige Riss hat sich durch Dehnungsvorgänge in der Erdkruste gebildet. Der Riss ist häufig mit lang gestreckten Seen gefüllt, so zum Beispiel mit dem Tanganjikasee. Diesen See teilen sich die vier Länder Burundi, die Demokratische Republik Kongo, Tansania und Sambia. In dem See leben unzählige Fische, etwa die farbenprächtigen Regenbogenfische. Entlang des Ostafrikanischen Grabens liegen auch die gefährlichsten Vulkane Afrikas. Zu diesen »Feuerbergen« gehört auch der Nyiragongo. Bei seinem großen Ausbruch Anfang 2002 hat seine Lava die Stadt Goma im Osten Kongos fast völlig zerstört.

Kenia
Hauptstadt: Nairobi
Fläche (ca.): 584 000 km²
Einwohner in Mio: rund 40,9
Sprachen: Kisuaheli, Engl.

Tansania

Hauptstadt: Dodoma
Fläche (ca.): 945 100 km²
Einwohner in Mio.: rund 45
Sprachen: Kisuaheli, Engl.

Ruanda
Hauptstadt: Kigali
Fläche (ca.): 26 300 km²
Einwohner in Mio.: rund 10,2
Sprachen: Kinyarwanda, Franz., Engl.

Burundi
Hauptstadt: Bujumbura
Fläche (ca.): 27 800 km²
Einwohner in Mio.: rund 8,5
Sprachen: Kirundi, Franz.

Uganda
Hauptstadt: Kampala
Fläche (ca.): 242 600 km²
Einwohner in Mio.: rund 33,8
Sprachen: Kisuaheli, Engl.

Dem. Republik Kongo
Hauptstadt: Kinshasa
Fläche (ca.): 2,3 Mio. km²
Einwohner in Mio.: rund 67,8
Sprache: Französisch

Republik Kongo
Hauptstadt: Brazzaville
Fläche (ca.): 342 000 km²
Einwohner in Mio.: rund 3,8
Sprache: Französisch

Gabun
Hauptstadt: Libreville
Fläche (ca.): 267 700 km²
Einwohner in Mio.: rund 1,5
Sprache: Französisch

Äquatorialguinea
Hauptstadt: Malabo
Fläche (ca.): 28 100 km²
Einwohner: rund 693 000
Sprache: Spanisch

São Tomé und Príncipe
Hauptstadt: São Tomé
Fläche (ca.): 964 km²
Einwohner: rund 165 000
Sprache: Portugiesisch

Angola
Hauptstadt: Luanda
Fläche (ca.): 1,25 Mio. km²
Einwohner in Mio.: rund 19
Sprache: Portugiesisch

Namibia
Hauptstadt: Windhuk
Fläche (ca.): 824 100 km²
Einwohner in Mio.: rund 2,2
Sprache: Englisch

Sambia

Hauptstadt: Lusaka
Fläche (ca.): 752 600 km²
Einwohner in Mio.: rund 13,3
Sprache: Englisch

Simbabwe

Hauptstadt: Harare
Fläche (ca.): 390 800 km²
Einwohner in Mio.: rund 12,6
Sprache: Englisch

Malawi

Hauptstadt: Lilongwe
Fläche (ca.): 118 500 km²
Einwohner in Mio.: rund 15,7
Sprachen: Chichewa, Engl.

Mosambik

Hauptstadt: Maputo
Fläche (ca.): 801 600 km²
Einwohner in Mio.: rund 23,4
Sprache: Portugiesisch

Seychellen
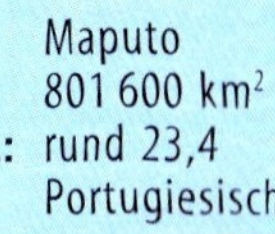

Hauptstadt: Victoria
Fläche (ca.): rund 455 km²
Einwohner: rund 81 500
Sprachen: Kreolisch, Engl., Franz.

Mauritius
Hauptstadt: Port Louis
Fläche (ca.): 2040 km²
Einwohner in Mio.: rund 1,3
Sprache: Englisch

Komoren
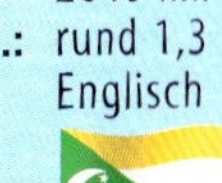

Hauptstadt: Moroni
Fläche (ca.): 2235 km²
Einwohner: rund 691 000
Sprachen: Komorisch, Franz.

Madagaskar

Hauptstadt: Antananarivo
Fläche (ca.): 587 000 km²
Einwohner in Mio.: rund 20,1
Sprachen: Malagasy, Franz., Engl.

Botswana
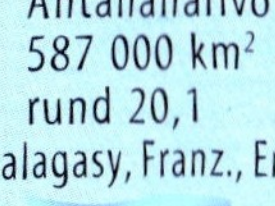

Hauptstadt: Gaborone
Fläche (ca.): 582 000 km²
Einwohner in Mio.: rund 2
Sprache: Englisch

Swasiland

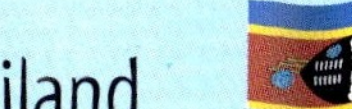
Hauptstadt: Mbabane
Fläche (ca.): 17 400 km²
Einwohner in Mio.: rund 1,2
Sprache: Siswati

Lesotho

Hauptstadt: Maseru
Fläche (ca.): 30 400 km²
Einwohner in Mio.: rund 2,1
Sprachen: Sesotho, Engl.

Südafrika

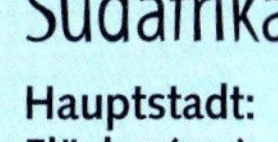
Hauptstadt: Pretoria
Fläche (ca.): 1,2 Mio. km²
Einwohner in Mio.: rund 50,5

Als Arktis bezeichnet man das Gebiet um den Nordpol.

Die Arktis besteht zum größten Teil aus dem Nordpolarmeer. Das Nordpolarmeer ist ein Nebenmeer des Atlantischen Ozeans. Es ist rund 18 Millionen km² groß und in weiten Teilen von Eis bedeckt. Die Landgebiete der Arktis sind die Insel Grönland sowie die nördlichen Randstreifen der umliegenden Kontinente Amerika, Europa und Asien. Auch ein Großteil der Landfläche ist fast das ganze Jahr über mit Schnee und Eis bedeckt. Denn es gibt hier lange, kalte Winter und nur kurze, kühle Sommer. Die Temperaturen im Sommer erreichen um die 0 Grad Celsius. In der Arktis leben Eisbären, Polarhasen, zahlreiche Vögel und vor allem Robben, Wale und Seehunde. Und obwohl es hier die meiste Zeit des Jahres so bitterkalt ist, wohnen hier auch rund zwei Millionen Menschen. Viele leben vom Fischfang, von der Rentierzucht oder von der Jagd. Andere arbeiten im Bergbau, denn die Arktis ist reich an Bodenschätzen (z. B. Kohle, Uran, Gold, Nickel, Erdöl). Klimaforscher blicken jedoch mit großer Sorge auf die Arktis. In den letzten Jahrzehnten ist die Eisfläche auf dem Nordpolarmeer geschrumpft und die Temperaturen sind als Folge des weltweiten Klimawandels gestiegen.

In den kalten, unwirtlichen Gebieten der Arktis leben nur wenige Menschen. In Nordskandinavien sind es die Samen, in Russland die Jakuten und auf Grönland die Inuit.

Der Eisbär kommt nur in den nördlichen Polargebieten vor. Durch sein weißes Fell ist er gut im Schnee getarnt. Seine Haut ist schwarz und speichert die Sonnenwärme.

km	0	600	1200
Meilen	0	600	1200

Katrine aus Qaanaaq (8 Jahre)

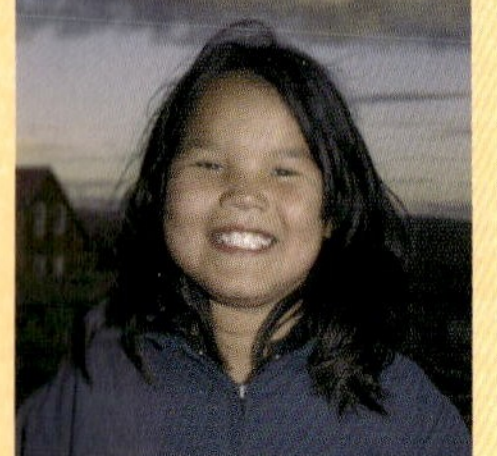

»Asujutilli! Ich heiße Katrine, bin 8 Jahre alt und wohne in Qaanaaq. Das ist eine kleine Stadt im Nordwesten Grönlands und die nördlichste Stadt der Welt! Wir haben ein Hundegespann und machen oft Ausflüge mit dem Schlitten. Ich habe auch einen eigenen Hund. Er heißt Arii und ich habe ihn bekommen, als ich vier Jahre alt wurde. In die Schule kann ich ihn leider nicht mitnehmen. Aber wenn ich nachmittags nach Hause komme, spiele ich mit ihm. Abends essen wir alle gemeinsam. Dann ist auch mein Vater von der Arbeit zurück. Er arbeitet im Wasserwerk. Er holt Eisberge, die dann zu Trinkwasser geschmolzen werden. Was hat Mama wohl heute gekocht? Am liebsten mag ich Robbenfleisch oder Schneehuhn.«

Arktis

Fläche (ca.): rund 26 Mio. km², davon ca. 11 Mio. km² Land

Bevölkerung: rund 2 Mio., u.a. Inuit, Samen und Jakuten

Anrainerstaaten:
Dänemark, Finnland, Island, Kanada, Norwegen, Russland, Schweden und die Vereinigten Staaten von Amerika (USA)

Als Antarktis

bezeichnet man die um den Südpol liegenden Land- und Meergebiete. Im Gegensatz zur Arktis ist die Antarktis ein Kontinent. Dieser riesige Erdteil ist aber nicht in Länder aufgeteilt. Wie in der Arktis gibt es auch in der Antarktis bedeutende Bodenschätze (z.B. Eisenerz, Kupfer, Kohle, Erdöl und Erdgas). Die Antarktis hat ein extrem kaltes, trockenes Klima. Hier ist es noch kälter als in der Arktis. Auf die eisigen, langen Winter folgen kurze und kühle Sommer. Nicht nur das Wasser, auch das gebirgige Festland der Antarktis ist nahezu komplett von einer dicken Schnee- und Eisschicht überzogen. Darum gibt es in der Antarktis nur wenige Pflanzen wie Moose, Flechten und Gräser. In dieser Eiseskälte können auch nur wenige Tiere überleben. Um nicht zu erfrieren, müssen sie eine dicke Fettschicht oder ein dichtes Fell oder Gefieder haben. Auf den vorgelagerten Inseln findet man zum Beispiel Pinguine. Diese Meister im Watschelgang haben unter ihrem »Frack« eine dicke Fettschicht, die sie schön warm hält. Hast du im Sommer eine Sonnenbrille auf? Auch unsere Erde besitzt so etwas Ähnliches wie eine Sonnenbrille – die Ozonschicht. Das Ozon wird von verschiedenen Stoffen zerstört. Zu diesen Zerstörern gehören beispielsweise die Fluorchlorkohlenwasserstoffe (FCKW). Diese waren früher in fast allen Spraydosen. Man wusste damals noch nicht, dass das FCKW die Ozonschicht, das Schutzschild der Erde, zerstört. Vor etwa 30 Jahren haben Forscher dann in der Antarktis ein riesiges Loch in der Ozonschicht entdeckt. Jetzt hofft man, dass sich die Ozonschicht langsam wieder erholt.

Antarktis

Fläche (ca.): rund 14 Mio. km², 98 % der Fläche sind eisbedeckt

Bevölkerung: keine, einige große Forschungsstationen

Tiefste Temperatur:
1983 wurde an der Eisstation Vostok die tiefste Temperatur auf der Erde gemessen, nämlich -89,2 Grad Celsius.

km 0 600 1200
Meilen 0 600 1200

Wenn der Gletscher kalbt

Gletscher sind gigantische Eismassen, die ständig in Bewegung sind. Im Zeitlupentempo schieben sich die Gletscher in Richtung Meer. An den Meeresküsten brechen immer wieder riesige Eisbrocken ab und stürzen ins Wasser. »Der Gletscher kalbt«, sagt man zu diesem Abbruch. Diese Eisbrocken sind dann die schwimmenden Eisberge, die für Schiffe und Bohrinseln sehr gefährlich werden können. Denn nur ein kleiner Teil eines Eisbergs guckt aus dem Wasser heraus. Der allergrößte und breiteste Teil befindet sich unter Wasser. Das liegt daran, dass Eis nur wenig leichter ist als Wasser. Für die Schiffe besteht heute meist keine Gefahr mehr, mit einem Eisberg zusammenzustoßen. Denn sie können die Eisberge orten und ihnen dann ausweichen. Doch kommt ein weißer Riese einer Ölplattform zu nahe, dann muss er abgeschleppt werden. Denn bei einem Zusammenstoß käme es zu einer Katastrophe!

Die Antarktis ist, abgesehen von einigen Forschungsstationen, nicht bewohnt. Die Forscher messen z.B. an verschiedenen Orten die Eisdicke, um festzustellen, ob die Eismenge abnimmt und der Meeresspiegel steigt.

Die Antarktis ist politisch unabhängig. Das wurde 1959 mit der Unterzeichnung des »Antarktisvertrages« beschlossen. Seitdem ist die Antarktis ein »Forschungskontinent«.

Glossar

Abholzung: Wenn Bäume gefällt werden, spricht man von Abholzung.

Abtragung: Wind und Wetter zertrümmern alle Gesteine und bewirken somit, dass Gebirge langsam eingeebnet, abgetragen werden.

Antarktis: Das Gebiet um den Südpol. Die Antarktis ist im Gegensatz zur Arktis ein Kontinent.

Äquator: Der Äquator ist eine gedachte Linie ganz um den Erdball herum. Diese liegt genau auf halbem Weg zwischen Nordpol und Südpol. Der Äquator teilt die Erde in eine Nordhalbkugel und eine Südhalbkugel.

Arktis: Das Gebiet um den Nordpol oder, genauer gesagt, das Gebiet innerhalb des nördlichen Polarkreises.

Archipel: Inselgruppe.

Atoll: Atolle sind ringförmige Koralleninseln (Korallen) in tropischen Meeren.

Bai: Meeresbucht.

bedrohte Arten: Immer mehr Tier- und Pflanzenarten sind vom Aussterben bedroht. Dieses trifft z.B. auf Löwen, Elefanten, Haie oder Tropenhölzer zu. Sie müssen besonders geschützt werden.

Bodenschätze: Allgemeine Bezeichnung für wertvolle Metalle und Erze sowie Erdöl und Erdgas. Man gewinnt sie aus dem Boden.

Breitengrad: Mit dem Breiten- und dem Längengrad bestimmt man die Lage jedes Ortes auf der Erde. Der Breitengrad gibt an, wie weit ein Ort vom Äquator entfernt ist. Man gibt das in Grad an. Deutschland liegt um den 50. Breitengrad.

Canyon: Ein Canyon ist ein schluchtartiges, enges Tal. Es ist entstanden, weil sich ein Fluss tief in die Landschaft eingegraben hat.

Delta: Das Gebiet, wo ein großer Fluss ins Meer mündet.

Düne: Dünen sind Berge aus feinem Sand. Sie entstehen am Meeresstrand oder inmitten von Wüsten, zum Beispiel in der Sahara. Es ist der Wind, der die Dünen aufhäuft.

Ebene: Eine Ebene ist ein flaches Gebiet. Hier findet man keine oder nur wenige Hügel oder Berge.

Ebbe: Wenn der Wasserspiegel des Meeres sinkt, herrscht Ebbe. Der niedrigste Punkt der Ebbe heißt Niedrigwasser. Ebbe und Flut bilden zusammen die Gezeiten.

Eiszeit: Bei einer Eiszeit kühlt sich die ganze Erde stark ab. Dabei gefriert viel Wasser und bedeckt nördliche und südliche Gebiete mit einer dicken Eisschicht. Im Lauf der Erdgeschichte gab es viele Eiszeiten.

Erdachse: Die Erdachse ist jene Linie, um die sich unsere Erde dreht. Man nennt die Erdachse darum auch Drehachse. Die Erdachse verläuft durch den Nordpol und den Südpol. Sie steht nicht senkrecht, sondern sie ist geneigt.

Erdkruste: Die äußerste Schicht der Erde. Unter den Ozeanen ist die Erdkruste etwa 6 bis 10 km, unter den Kontinenten etwa 30 bis 60 km dick.

Erosion: Wenn fruchtbarer Boden großflächig von Wasser oder auch von Wind abgetragen wird, spricht man von Erosion.

Fjord: Ein Fjord ist eine tief eingeschnittene, meist schmale Meeresbucht mit felsigen Steilküsten. Fjorde sind am Ende der Eiszeit entstanden: Während der Eiszeit waren tiefe Täler entstanden, die nach dem Abschmelzen der Gletscher vom ansteigenden Meeresspiegel überflutet wurden. Fjordküsten gibt es beispielsweise in Skandinavien, Island und Neuseeland.

Flut: Wenn der Wasserspiegel des Meeres steigt, herrscht Flut. Der höchste Punkt der Flut heißt Hochwasser. Ebbe und Flut bilden zusammen die Gezeiten.

fossile Brennstoffe: Fossile Brennstoffe sind Brennstoffe, die ursprünglich aus organischem Material bestanden haben, z.B. Kohle, Erdöl oder Torf.

gemäßigt: Als gemäßigte Gebiete (Zonen) bezeichnet man die Gebiete, die zwischen der warmen und der kalten Klimazone der Erde liegen. Hier gibt es keine extremen Temperaturgegensätze. Außerdem haben gemäßigte Zonen vier ausgeprägte Jahreszeiten.

Gestein: Gemische aus Mineralien, z.B. Kalk, Sandstein oder Granit.

Geografie: Fremdwort für Erdkunde. Diese Wissenschaft beschäftigt sich mit der Erdoberfläche, sie erforscht und beschreibt Länder und Landschaften.

Geysir: Ein Geysir ist eine heiße Quelle in vulkanischen Gebieten, die springbrunnenartig Wasserdampf und heißes Wasser ausstößt.

Gletscher: Gletscher sind Eisströme. Eis fließt nämlich Hänge hinab – ähnlich wie ganz zähflüssiger Honig.

Globus: Das lateinische Wort »Globus« bedeutet einfach »Kugel«. Gemeint ist die gesamte Erde oder eine Nachbildung davon.

Golfstrom: Die größte Meeresströmung des Atlantiks. Der Golfstrom transportiert warmes Wasser vom Golf von Mexiko bis zu den Küsten Europas.

Grenze: Eine Grenze ist eine Trennungslinie zwischen zwei Bereichen oder Gebieten. Es gibt ganz unterschiedliche Arten von Grenzen, z.B. politische, natürliche oder kulturelle Grenzen.

Halbinsel: Eine Halbinsel ist nur auf drei Seiten von Wasser umgeben. Sie hat immer eine Verbindung zum Festland.

Handel: Wenn man mit jemandem einen Handel betreibt, dann tauscht man Waren, Dienstleistungen oder auch Informationen aus.

Hauptstadt: Die Stadt, in der Regierung und Parlament ihren Sitz haben. Meistens ist die Hauptstadt die größte Stadt des Landes.

Hemisphäre: Unter einer Hemisphäre versteht man vor allem die Hälfte der Erde oder des Himmels (Halbkugel).

Hochland: Ein meist flaches bis hügeliges Gebiet, das in größeren Höhen über dem Meer liegt.

Industrie: Die Industrie gewinnt und verarbeitet Rohstoffe (z.B. Kohle und Eisen), stellt Produkte her (z.B. Autos), liefert Energie (z.B. Strom) und baut (z.B. Straßen).

Kanal: Ein künstlicher Wasserweg, der meist für die Schifffahrt angelegt wurde.

Kap: Eine ins Meer hinausragende Landspitze nennt man Kap.

Kartografie: Die Kartografie ist eine Wissenschaft, die sich vor allem mit der Herstellung und der Bearbeitung von Landkarten befasst.

Kleinasien: Kleinasien nennt man auch Anatolien. Damit ist die vorderasiatische Halbinsel zwischen dem Schwarzen Meer und dem Mittelmeer gemeint. Diese Halbinsel deckt sich heute weitgehend mit der Türkei.

Klima: Jeder Ort auf der Welt hat ein bestimmtes Klima. Es ändert sich kaum im Lauf der Jahre, obwohl es vom Wetter bestimmt wird. In Deutschland ist das Klima gemäßigt: milde Winter, ziemlich warme Sommer und das ganze Jahr über Regen.

Kompass: Ein Gerät zur Bestimmung der Himmelsrichtung. Die bewegliche Nadel des Magnetkompasses zeigt stets nach Norden.

Königreich: In einem Königreich ist ein König der oberste Herrscher. Königreiche werden auch als Monarchien bezeichnet.

Kontinent: Kontinente sind große Landmassen. Man unterscheidet sieben Kontinente: Europa, Asien, Australien, Nordamerika, Südamerika, Afrika und die Antarktis.

Lagune: Eine Lagune ist eine durch einen Landstreifen oder durch Inseln vom offenen Meer abgetrennte flache Bucht. Außerdem bezeichnet man die Wasserfläche im Innern eines Atolls als Lagune.

Längengrad: Mit dem Längen- und dem Breitengrad bestimmt man die Lage jedes Ortes auf der Erde. Der Längengrad gibt an, wie weit ein Ort vom so genannten Nullmeridian entfernt ist. Diese Linie zieht durch den Nord- und den Südpol und zum Beispiel durch den Londoner Vorort Greenwich. Der Längengrad wird in Grad angegeben. Deutschland liegt um den 10. Grad östlicher Länge.

Lava: Aus dem Erdinneren ausfließendes glühend heißes Gestein. Vulkane spucken Lava aus.

Lawine: Eine ins Tal abgleitende Masse aus Schnee und Eis und mitgerissenem Schutt.

Mangroven: Immergrüne Bäume, die an flachen tropischen Küsten im Meerwasser stehen.

Meerenge: Die schmale Stelle eines Meeres zwischen zwei Landmassen.

Meeresspiegel: Der Meeresspiegel gibt an, wie hoch das Meer gerade steht. Er verändert sich regelmäßig durch die Gezeiten: Bei Ebbe sinkt der Meeresspiegel, bei Flut steigt der Meeresspiegel.

Metropole: Eine Metropole ist eine große Stadt, die Mittelpunkt des politischen, wirtschaftlichen und kulturellen Lebens eines Landes ist (z.B. Berlin, London oder New York).

Migration: Der Umzug in eine neue Stadt oder in ein anderes Land wird als Migration (Wanderung) bezeichnet.

Mineralien: Zu den häufigsten Mineralien der Erdkruste gehören Quarz und Kalkspat. Alle Gesteine setzen sich aus Mineralien zusammen.

Mittelgebirge: Mittelgebirge sind meist bis zu 1000 m hoch, ihre Gipfel liegen unterhalb der Schneegrenze. Hochgebirge (über 1000 m) sind dagegen über die Baum- und Schneegrenze aufragend.

Monsun: So heißt die Regenzeit in Indien. Sie dauert von Juni bis Oktober.

Moor: Ein dauernd feuchtes, schwammiges Gebiet.

Nordhalbkugel: Der Teil der Erde nördlich des Äquators, mit dem Nordpol.

Nordpol: Wie der Südpol einer der beiden Punkte der Erde, die am weitesten vom Äquator entfernt liegen. Der Nordpol liegt mitten im Nordpolarmeer.

Oase: Ein grünes, wasserreiches Gebiet mitten in einer Wüste.

Okzident: Abendland; als Okzident bezeichnete man früher im Wesentlichen Europa.

Orient: Morgenland; als Orient bezeichnet man noch heute im Wesentlichen Asien und im Besonderen die arabische Welt.

Ozean: Ein großes Meer. Es gibt drei große Ozeane auf der Welt: den Atlantischen, den Indischen und den Pazifischen Ozean.

Pampa: Eine große, von Gräsern bewachsene Steppe in Südamerika, vor allem in Argentinien.

Plateau: Plateau ist ein anderes Wort für Hochebene, eine große ebene Fläche ganz oben auf einem Berg.

Polarkreise: Zwei gedachte Kreise auf der Erdkugel. Der eine liegt nahe am Nordpol, der andere beim Südpol. Innerhalb der Polarkreise geht die Sonne im Sommer nie richtig unter, im Winter nie richtig auf.

Regenwald: Damit Regenwälder wachsen, braucht es hohe Temperaturen und regelmäßige Niederschläge. Diese Bedingungen sind vor allem in den Tropen gegeben. Tropischen Regenwald gibt es in Afrika, Asien und Südamerika.

Regenzeit: In manchen Gebieten fällt nicht das ganze Jahr über Regen, sondern nur zu bestimmten Zeiten. Dann wechselt eine Regenzeit mit einer Trockenzeit ab.

Riff: Eine Erhebung oder ein Berg im Meer. Riffe bestehen meist aus Korallen.

Rohstoffe: Rohstoffe sind Stoffe, die in der Natur vorkommen und noch nicht verarbeitet wurden, z.B. Kohle, Erdöl, Holz oder Baumwolle.

Schlucht: Ein enges, tiefes Tal. Ganz unten fließt oft ein Fluss.

Steppe: Flaches, grasbestandenes Gebiet mit nur wenig Bäumen. Die afrikanische Steppe heißt Savanne, die südamerikanische Pampa.

Südhalbkugel: Der Teil der Erde südlich des Äquators, mit dem Südpol.

Südpol: Wie der Nordpol einer der beiden Punkte der Erde, die am weitesten vom Äquator entfernt liegen. Der Südpol liegt mitten in der Antarktis und damit auf festem Land.

Sumpfland: Sumpfland besteht aus Sümpfen. Die Erde ist dort also feucht und weich.

Trockenzeit: In der Trockenzeit fällt sehr wenig oder gar kein Regen.

Tropen: Das warme Gebiet um den Äquator heißt Tropen. Die Sonne steht hier am Mittag sehr hoch am Himmel. Sie geht das ganze Jahr um sechs Uhr auf und um sechs Uhr unter.

Tundra: Die niedrige Pflanzendecke in der Arktis. Sie besteht aus Gräsern, Moosen, Flechten und Zwergsträuchern.

Umwelt: Um uns herum ist Luft, Wasser, Erde. Um uns herum leben Menschen, Pflanzen und Tiere. Diese gesamte Umgebung ist unsere Umwelt.

Vegetation: Die Gesamtheit der in einem bestimmten Gebiet vorkommenden Pflanzen.

Vulkan: In Vulkanen tritt heißes, geschmolzenes Gestein, die Lava, an die Erdoberfläche.

Wendekreise: Zwei Linien, etwa auf dem 23. Breitengrad nördlicher und südlicher Breite. Hier steht die Sonne zur Zeit der Sonnenwende mittags am höchsten Punkt (im Zenit).

Wüste: In Wüsten gedeihen nur noch wenige Pflanzen, weil es dort kaum mehr regnet. Wüsten können sandig, schottrig oder auch felsig sein.

Zeitzonen: Weil sich die Erde um sich selbst dreht, wendet sie der Sonne immer einen anderen Teil zu. Sehen wir die Sonne von der Erde aus am höchsten Punkt des Himmels, ist es bei uns Mittag. Gleichzeitig ist es auf der entgegengesetzten Seite der Erde Mitternacht. Zur besseren Übersicht wurde die Erde in 24 Zeitzonen eingeteilt. Innerhalb einer Zeitzone gilt die gleiche Uhrzeit.

Register

Abbildungsnachweis

aisa, Barcelona: 10 r./BeBa, 12 o./Vidler, 14 u./Vidler, 14 o./Iberfoto, 17 o./Raga, 18/Iberfoto, 19 o./Vidler, 21/Vidler, 24 r./Iberfoto, 27/Serguei, 33/Vidler, 34 u./Vidler, 37/Bedmar, 39 u./Vidler, 41/Iberfoto, 46/Vidler, 49 u./Iberfoto, 49 o.r./Iberfoto, 49 o.l./Raga, 54 u./Vidler, 56 o.r./Vidler, 60 u./Raga; **Archiv für Kunst und Geschichte, Berlin:** 11 o.r, 11 u., 25 u., 61 o.r.; **Associated Press GmbH, Frankfurt/DDP images GmbH:** 53 u./Gerald Herbert, 65 u./Prinsloo; **Caro Fotoagentur GbR, Berlin:** 37 o./Westermann, 62 u./Trappe; **Corbis GmbH, Düsseldorf:** 50 u./Wohrmann; **Document Vortragsring e.V., München:** 34 r./Matthäi-Latocha, 51 u./Trobitzsch, 53 o./Trobitzsch; **dpa picture-alliance, Frankfurt:** 26 u.r./epa AFP, 48/C2580 Dieter Klar, 57 o./epa afp Scorza; **Focus, Hamburg:** 38 u.r./Kluyver; Oliver Giel, Walsdorf: 51 o.; **Interfoto, München:** 17 u.r., 36 r./Prenzel, 45 u./Silvia, 60 u.l./Alinari, 64 u./TG-Winter; **istockphoto.com:** 52/Daniel Rodriguez; **Elisabeth Lüthy, Bern:** 66 o.; **Mauritius, Mittenwald:** 8 u.r./PowerStock, 12 m.u./age fotostock, 16 u.l./Stock Image, 22 l./Vidler, 38 u.l./Fritz, 63 o./Raga; **Max-Planck-Gesellschaft, München:** 25 o.; **Silvestris online, Dießen:** 31 o./Hüfels; **TopFoto, Kent:** 8 r.o./The Image Works/Farnsworth, 12 u.l./Photri, 14 u.r./Lawson, 19 u./The Image Works/Richmond, 20 l./The Image Works/Polleross, 22 u., 26 u.l./The Image Works/Sprague, 29 u., 30 u./The Image Works/Hoffmann, 32 u./The Image Works/Gubb, 35 u., 37 u./The British Library, 40 u., 44 u./TopFoto/Lawson, 48 l./The Image Works/Savino, 54 u./The Image Works/Sprague, 56 u. l./The Image Works/Sprague, 66 u./The Image Works/Wright; **TopicMedia Service, Ottobrunn:** 36 o./Aitken Kelvin, 59/Wisniewski, 67 u.r./Arndt; **Konrad Wothe, München:** 22 o., 65 M.r.; **zefa visual media gmbH, Hamburg:** 65 o.

Abbildung auf der 3D-Brille: **ESA/NASA/AURA/Caltech**